Mariano Nougués Secall

Descripción e historia del Castillo de Aljafería sito extramuros de la ciudad de Zaragoza

Barcelona **2024**
Linkgua-ediciones.com

Créditos

Título original: Descripción e historia del Castillo de Aljafería sito extramuros de la ciudad de Zaragoza.

© 2024, Red ediciones S.L.

e-mail: info@linkgua.com

Diseño de cubierta: Michel Mallard.

ISBN tapa dura: 978-84-1126-203-3.
ISBN rústica: 978-84-9953-044-4.
ISBN ebook: 978-84-9953-043-7.

Sumario

Brevísima presentación

La vida

Mariano Nougués Secall (Zaragoza, 1801-1872). España.

Nació en Zaragoza. De joven escribió poesía, influido por Aribau. Entre 1845 y 1855 trabajó en la Sociedad Aragonesa de Amigos del País.

Nougués destacó sobre todo como orador. Pronunció varios discursos en la Academia Jurídico-Aragonesa y en la Academia de San Luis, siendo miembro de ambas hasta su muerte. El más famoso de sus discursos fue publicado en 1846 con el título: «Sobre el particular empeño con que los aragoneses cultivaron el estudio de la Jurisprudencia y los respetables varones que se distinguieron en este ramo del saber».

Doctor don Mariano Nougues Secall

Abogado del ilustre colegio de Zaragoza, Censor y socio de mérito literario de la Sociedad Aragonesa, catedrático de Economía Política de la misma. Académico de honor de las de nobles artes de san Fernando y san Luis, Fiscal de la última y de la Capitanía general de Aragón, Auditor honorario, presidente y Académico de mérito de la Academia Jurídico-práctica Aragonesa.

Zaragoza.
Imprenta de Antonio Gallifa.
Año de 1846.

Etenim tibi multa vetustas
Scire dedit. Ovid.

Que traduzco:

La antigüedad, oráculo y escuela,
Los más curiosos hechos nos revela.

Prólogo

No me parece desacertado que me detenga a manifestar el motivo de haber escrito esta obrita, si tal dictado merece la ligera reseña de las antigüedades del Castillo de la ALJAFERÍA. Ya indico en la introducción que habiéndose anunciado la venida de S. M. doña ISABEL II en el verano de 1844 subí a la sala de SANTA ISABEL en compañía del excelentísimo señor capitán general, quien habló de adornarla si S. M. se dignaba honrar el Castillo con su presencia; a lo que yo repuse que también era de necesidad descifrar los letreros y explicar todas sus antigüedades. Debí a S. E. la atención de que se dirigiese a mí para desempeñar este encargo, y a los pocos días presenté a S. E. una relación sucinta: pero al mismo tiempo, por si todavía lo hubiese para perfeccionarla, solicité que se me franqueasen en el archivo de la Corona de Aragón en Barcelona los documentos relativos a este edificio, y así se le otorgó a S. E. como lo manifiestan las comunicaciones que se copian en la nota 1.ª del apéndice, debiendo al bondadoso e ilustrado archivero el señor don Próspero Bofarull la remesa de cuanto creyó debiera convenirme. Entre tanto recordé varios hechos históricos y registré mis apuntes, formando por fin con copia de más datos la obrita que ahora doy a luz. El hallazgo del libro manuscrito de Marcuello, dio lugar a que se pensase en estampas: el señor general Bretón deseoso del esplendor de una obra que había de ponerse en manos de la reina, aprobó la idea, y el teniente coronel de ingenieros don Pedro Ortiz de Pinedo, a virtud de una excitación de S. E. se prestó a cuanto le exigí para la formación de algunos dibujos.[1] Ya iba a imprimirse este opúsculo, cuando se suspendió ejecutarlo con motivo de haber creído S. E. que no llegaría a tiempo para entregarse a S. M. a su paso por esta capital. El viaje se retardó, y me consta que S. E. sintió verse privado de esta satisfacción, y de que yo pudiera hacer este insignificante obsequio a mi reina, que por fin me he decidido a dedicárselo por mí solo con aumento de láminas, aunque fuera de la oportunidad que

---

1   La fachada, el Tanto Monta y el croquis, se han litografiado por los dibujos de la oficina de Ingenieros. La mezquita la debo a mis condiscípulo don Mariano Pinós, profesor aventajado en la pintura y no menos en las matemáticas, que enseña con aprovechamiento en la Sociedad Aragonesa. Para el salón se ha visto el original, y se ha consultado la lámina de la España monumental.

lo hubiera hecho más apreciable. El que sepa que además de los negocios de mi profesión de abogado, de los que pesaban sobre mí como síndico 1.º de esta capital, y de las innumerables causas de vagos cuyo examen se me encargó, he compuesto este opúsculo en momentos interrumpidos, y sin poder volver a reconocer detenidamente algunos de los volúmenes, que tengo leídos en los años de mi juventud; disimulará indudablemente los defectos que encuentre, y ya que no considere de mérito este trabajo, no podrá menos de hacer justicia a mi laboriosidad, al celo que muestro por recordar las glorias de mi patria, y al interés que tomo en todo lo que puede ser grato a S. M. Los que no están instruidos en la historia verán, después de leída mi obra, lo que antes no veían en el Castillo de la ALJAFERÍA: los literatos solo encontrarán algunos materiales que podrán utilizar para el esclarecimiento de la historia, la cual no puede perfeccionarse sino dirigiendo las investigaciones a puntos determinados. No tengo la pretensión del acierto: solo deseo que no se olvide la pureza de mis intenciones. Mi única ambición es, que no continúen tan ignoradas las riquezas anticuarias que todavía poseemos, y que con este recuerdo los aragoneses recobren su primitivo entusiasmo, teniendo presente lo que fueron en otro tiempo, y llamar la atención del Gobierno sobre un alcázar en el que restaurada la sala de SANTA ISABEL y la mezquita, entrarían sin cesar infinitos extranjeros a examinar dos monumentos de tan diversas épocas y de tan distintas manos, conservados simultáneamente para formar dos páginas de nuestra historia, pues los pueblos, como dice un escritor, se conocen mejor por las obras, que son crónicas de piedra, que no por las narraciones de sus historiadores.

Primera Secretaria del Despacho de Estado.

Accediendo la reina Nuestra Señora a la solicitud de usted se ha dignado autorizarle para que la dedique la memoria que ha compuesto bajo el título de Descripción e Historia del Castillo de la Aljafería. De Real orden lo digo a usted para su conocimiento. Dios guarde a usted muchos a años. Madrid 12 de marzo de 1846.

El marqués de Miraflores
Señor don Mariano Nougues Secall.
Zaragoza.

Introducción

El hombre se deferencia principalmente de los demás animales en que no solo vive en el tiempo presente, sino alimenta su espíritu con la memoria de lo pasado y con los conceptos de lo venidero. Al sentar su planta en el suelo de cualquiera país que recorre, si se halla ilustrado con la antorcha de la historia, recuerda las naciones que lo poblaron, los hechos gloriosas que acontecieron; pero cuando principalmente su imaginación siente una impresión vaga y respetuosa, es cuando entra en aquellos monumentos antiguos, en aquellas obras que han sobrevivido a tantos siglos, y que se presentan en el dilatado curso de los años, como las islas sembradas en las vastas llanuras del océano, que ofrecen a los navegantes un asilo para su descanso, y un manantial de recuerdos y meditaciones. Uno de los objetos que prestan vasta materia para consideraciones profundas, es el edificio situado al poniente de esta ciudad y conocido con el nombre de castillo de la Aljafería. Al pasar por sus cercanías se presentan con rapidez, como en una óptica, las deliciosas escenas que ocurrirían en tiempo de los reyes moros, la grave austeridad con que vivieran nuestros aguerridos monarcas rodeados de sus ricos hombres, mesnaderos y almogávares, los melancólicos y doloridos ayes de los condenados por la Inquisición, que allí se puede decir tuvo casi su primer asiento en este reino, y las amarguras de los que gimieron en sus calabozos durante la guerra de la independencia y nuestras discordias civiles, no pudiendo recordar sino con horror los sacrificios que se tributaron con el frío aparato de la justicia al numen feroz de las represalias. Varias veces he manifestado lo útil que sería no abandonar a la frágil tabla de la tradición, las memorias que se conservan sobre el antiguo palacio de nuestros reyes; y cediendo a la insinuación que me hizo el excelentísimo señor capitán general de este ejército y reino don Manuel Bretón, en una de las visitas de cárcel, en que le acompañé como fiscal de la auditoría, cuando con motivo de anunciarse en 1844 la venida de S. M. de regreso de Barcelona, recorrió S. E. el departamento llamado de Santa Isabel; me he resuelto a hacer este trabajo sencillo, y en el que después de dar una idea del actual estado de la Aljafería, he recopilado las noticias que se conservan en algunos escritores y documentos antiguos acerca de este monumento, y las que he conseguido proporcionarme con reiteradas investigaciones.

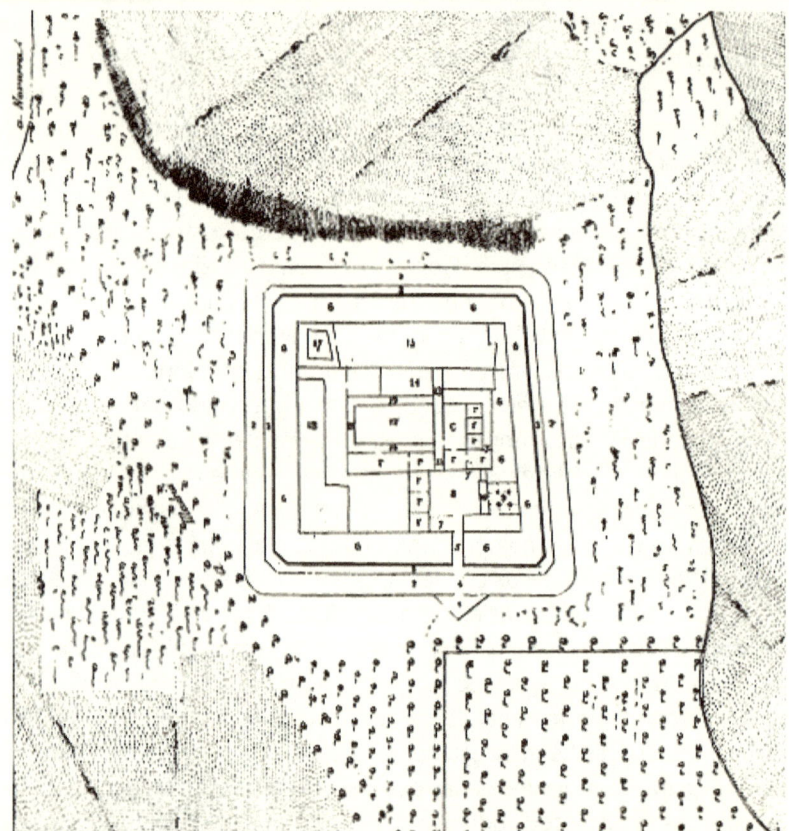

Lámina 1.ª Planta de la Aljafería
Lil. de L. Jayma, Zaragoza
Planta de la Aljafería &.ª

Indicación del piso segundo y parte del primero del Castillo de la Aljafería en Zaragoza.

EXPLICACIÓN.

- 1. Rediente.
- 2. Foso.
- 3. Anden.
- 4. Puente.
- 5. Entrada principal.
- 6. Cuerpo de alojamientos y habitaciones en el 2.º piso.
- 7. Subida al cuarto del oficial de guardia y entresuelos.
- 8. Primer patio.
- 9. Iglesia.
- 10. Pórtico.
- 11. Paso al 2.º patio.
- 12. Segundo patio.
- 13. Entrada a la escalera principal.
- 14. Escalera principal.
- 15. Grande patio de artillería.
- 16. Hueco de una escalera.
- 17. Cocinas de tropa.
- 18. Almacén de municiones.
- 19. Corredor.
- r. Habitaciones reales.
- c. Salón de Santa Isabel.
- y. Planta baja de la antigua Mezquita.
- y. Alcoba donde nació Santa Isabel infanta de Aragón y reina de Portugal.

A la reina de las Españas

Comenzaré mi dedicatoria con unas palabras semejantes a las que empleó Labruyére al principio de sus famosos CARACTERES. Devuelvo, decía, al público lo que él mismo me ha prestado; y yo también digo, que devuelvo a V. M. una obra que le pertenece, por que V. M. la inspiró, por que V. M. la hizo llevar a cabo, y por que a nadie con mejor título que a una Isabel corresponde este opúsculo, que tiene por objeto referir las grandezas de un edificio, cuya memoria eternizaron dos reinas del mismo nombre: la una santificándolo, por decirlo así, con su nacimiento y la otra decorándolo con una magnificencia que causa admiración después de tres siglos y medio. Dígnese, pues, V. M. aceptar una ofrenda, que es regia por las materias de que trata, y que tiene también esta cualidad por el puro amor que profesa a su reina el que escribió estas desaliñadas páginas. Zaragoza 28 de julio de 1845.

Señora: padres A. L. R. padres de V. M.
Mariano Nougues Secall.

Capítulo I. Descripción general de la Aljafería

El castillo de la Aljafería, que no puede llamarse ciudadela ni por su posición, ni por sus fortificaciones, se halla situado a la parte occidental de Zaragoza a la derecha del Ebro, entre este río y la concurrencia de los caminos reales de Madrid y Pamplona, cuya linea dista tan poco que puede considerarse como tangente al foso: casi al nivel de éste y al pie del terraplén que lo forma por la fachada, se extiende la vega hasta el Ebro que corre a distancia de ochocientas a novecientas varas próximamente, y en dirección paralela. Por la oriental dista como unas doscientas cincuenta varas de la puerta llamada del Portillo enfilándola el baluarte o ángulo del sur de dicha fachada. El plano que se acompaña con el número 1.º, da una idea de su situación con respecto a la ciudad y su huerta, y asimismo de su figura y proporciones, aunque no alcanza a presentar las corrientes del Ebro.

La planta actual de la Aljafería es un cuadrilátero de ciento cuarenta varas de largo, y de ciento treinta de ancho con chaflanes o ángulos ochavados más irregular de lo que aparenta, sobre cuyas bases paralelas se levantan las fachadas de norte y sur; la primera de ciento trece varas de longitud, y de ciento catorce la segunda; sobre la altura o lado perpendicular se eleva la fachada de occidente en longitud de cien varas, y en todo el oblicuo restante apoya la fachada principal al oriente, formando con la del sur ángulo de noventa y siete grados.

Su grande distribución interior está iluminada y ventilada por cinco patios descubiertos y diferentes patinejos sin simetría en su colocación unos respecto de otros, aunque tienen sus plantas bastante regulares. Los tres más espaciosos son: el primero entrando por la puerta del principal y a las veinte y cinco varas de la misma, que es el de la iglesia, cuadrado de diez y ocho varas de lado. Por éste y enfilando con la puerta de poniente se comunica al 2.º, que es el del centro o de Santa Isabel, rectángulo de diez y ocho varas de este a oeste por treinta y dos de norte a sur. Comunica con el 3.º (el de poniente o de la maestranza) trapecio prolongado de norte a sur de cincuenta y seis varas de longitud proporcional por veinte y ocho de latitud o altura. Este gran patio da entrada a otro situado al sur, rectángulo de diez y seis varas de longitud de este a oeste por ocho de latitud. El último se halla comprendido entre las crujías dobles del ángulo obtuso, o sea el que forman las fachadas de sur y este: es un rectángulo de treinta y dos varas de longitud de norte a sur por diez y ocho de latitud, aumentado su lado del sur hasta veinte, y cinco varas hacia el oeste por la escuadría que forma en su ángulo entrante a las veinte y dos varas de su longitud, siendo esto cuanto comprende en globo la ignografía del edificio habitable.

Capítulo II. Diversidad de su arquitectura y épocas de la misma: fortificación etc.

En este edificio se dejan ver cuatro clases de fábrica distintas, que denotan las principales alteraciones que ha sufrido ya por reparos, ya por modificaciones, ya finalmente por aumentos hechos en él, llevando cada una marcado el sello de la época en que se verificó. La más antigua corresponde a la dominación sarracena y se advierte en un local que indudablemente fue mezquita u oratorio de sus soberanos, y en los restos de tres arcos que se conservan en la parte del sur del patio llamado de Santa Isabel.

A la época que medió desde que los reyes de Aragón se apoderaron de este alcázar hasta los reyes Católicos, debe pertenecer lo que ocupa el cuerpo de artillería en el patio de Santa Isabel para almacenes y las columnas o pilares ochavados que se hallan en el lado del norte.

Al reinado de los reyes católicos don Fernando y doña Isabel corresponden la escalera de la habitación regia, su entrada, los salones artesonados y demás dependencias.

El resto del edificio se advierte ser del tiempo de Felipe V, en adelante, cuyo reinado está más expresivamente marcado en los trofeos militares de alto relieve, que se dejan ver sobre la entrada de la parte baja del almacén de artillería número 4, descendiendo desde aquí hasta la grande renovación que fue sufriendo sucesivamente, y que se completó en 1772,[2] de cuya época son todos los ornatos del exterior, los pabellones del lado del este, la sala de armas y los cuarteles de oeste, norte y sur. La torre o campanario parece ser aun más moderna, y a la iglesia no se le puede asignar época fija por participar de caracteres diferentes.

Los límites de este edificio en lo antiguo debieron ser menos extensos que en el día, y el aumento que recibió últimamente en la renovación de 1772 fue, según parece, por el lado del este el fondo de los pabellones, por el oeste, norte y sur los cuarteles de estos tres lados: y así nos lo hace presumir con sobrado fundamento un muro de bastante espesor, que corre generalmente

---

2   No he podido averiguar los nombres de los que intervinieron en esta obra: serían los ingenieros militares y quizás los arquitectos don N. Esturquia o don Antonio Esteban que sucesivamente fueron maestros mayores de la plaza.

por el interior en la longitud de los mencionados cuarteles, con un torreón circular de alto en bajo del edificio en el del norte, otro en el del oeste, otro en el del sur, y otro en el ángulo que forma el del norte con el del oeste, quedando todos cuatro ocultos en el interior del edificio.

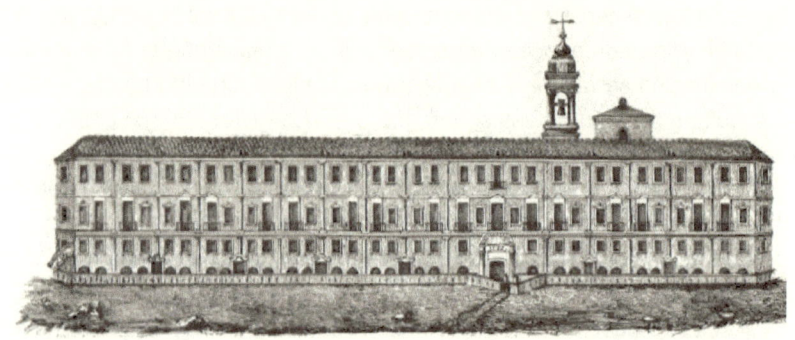

Lámina 2.ª Vista geométrica de la fachada principal de Castillo de la Aljafería en Zaragoza.
Lil. de L. Jayma, Zaragoza

Su fábrica es de ladrillo a cara vista en sus paredes exteriores, y aun en muchas de las de adentro, aunque en lo interior se notan también algunas de tierra y grava, que demuestran las diversas épocas de la construcción de este alcázar: su arquitectura es sencillísima, pues la decoración general consiste en fajas perpendiculares a imitación de pilastras entre sus vanos, interrumpidas horizontalmente por otras estrechas, o sean listeles que corren todo el edificio manifestando la división de sus pisos. Las ventanas son de una proporción seria, y no llevan otro adorno que un marco sencillo sin moldura alguna, a excepción de la fachada principal, en cuya crujía se hallan distribuidos los pabellones de jefes y oficiales con balcones adornados de marcos con molduras y frontispicios, cuya arquitectura puede corresponder al siglo diez y ocho, y seguramente será en el último atendida la renovación que se hizo de este edificio en 1772 según se ha manifestado, en cuyo año se le dio la planta que hoy conserva, habiendo quedado muy poco del tiempo de los moros y del de los reyes de Aragón. Su vista es elegante y graciosa por la parte de la ciudad y no deja de realzarla extraordinariamente la torre de la iglesia. La estampa número 2.º presenta su imagen con semejanza por su frente o fachada principal.

Su fortificación actual sería insignificante sino le defendiese su gran foso, pues solo consiste en sus cuatro cortinas construidas a barbeta sobre el muro de la escarpa, que avanza del edificio cinco varas, formando un camino cubierto y paseo que corre por todo el perímetro. Los baluartes de los cuatro ángulos fueron destruidos en 1813 y 14: el que da frente al cuartel de caballería, se voló en 1813 cuando el ejército español sitiaba este castillo, en el que el general París había dejado una corta guarnición: un comandante francés de artillería, según oí, disparó un pistoletazo sobre las municiones, y saltó hecho trozos aquel rebellin: los restantes fueron deshechos y terraplenado parte del foso por una orden que expidió el general Wellington para que se destruyesen los fuertes que ocuparon los franceses.

Su entrada única era antes un puente de ladrillo y en la actualidad otro fijo de madera, que ha sido reparado por reclamación directa al ministerio del excelentísimo señor general don Manuel Bretón. La cabeza cerrada por un rastrillo se halla defendida por un rediente aspillerado para fusilería, donde hay un cuerpo de guardia para una avanzadilla, y a derecha e izquierda dos rastrillos en las dos rampas suaves que en latitud de cinco varas conducen al foso.

Éste es bueno y tiene de anchura de veinte y seis a veinte y siete varas en toda la circunferencia, excepto en la fachada principal que cuenta unas veinte y ocho: su profundidad es de unas ocho varas próximamente: perpendiculares la escarpa y contraescarpa; la primera de buena fábrica de ladrillo y mampostería, y la segunda revestida y revocada ha muy pocos años. La construcción del foso no data sino de la época del señor don Felipe V que convirtió este edificio en fortaleza. De contado esta defensa no existía en tiempo de Felipe II aun cuando existiese muro,[3] del que se encuentran vestigios, como se ha manifestado, pues cuando se alborotó el pueblo de

---

3 Mignet pág. 163. Dice. «Felipe II reunió a su corona algunos señoríos que habían conservado prerrogativas feudales, convirtió la Aljafería en ciudadela y dejó en ella algunas tropas castellanas para mantener a Zaragoza en la obediencia.» Esto confirma mi opinión de que ya era entonces bastante fuerte la Aljafería.

Zaragoza con motivo de la traslación de Antonio Pérez desde la cárcel de manifestados al Castillo de la Aljafería, le pusieron fuego por todas partes, rodeándolo más de tres mil hombres que gritaban, que allí morirían abrasados los inquisidores.[4] Lo cierto es que, según me han manifestado los ingenieros, en algunas partes del edificio se descubren vestigios de incendio, y se nota el empleo de diversa clase de maderas que las que se usaron en su primitiva construcción.

Mr. Mignet de la Academia francesa en la historia que ha publicado recientemente de Antonio Pérez y Felipe II no expresa la circunstancia de que se hubiese incendiado el Castillo, refiriendo tan solo que don Pedro Sesé había hecho conducir muchas carretadas de leña con el intento de pegar fuego a la Aljafería.[5] Tampoco Lupercio Leonardo de Argensola en su información sobre estos sucesos hace mérito de esta particularidad.

Por un cálculo me parece que éste edificio podrá contener o alojar unas tres mil personas.

---

4   Historia crítica de la inquisición por don Juan Antonio Llorente impresa en Madrid en 1822, t. 7.º, cap. 35, pág. 153, artículo 3.º núm.º 6.

5   Mr. Mignet, pág. 123.

Capítulo III. Descripción especial de las partes de este edificio: de la antigua mezquita: de la sala de Santa Isabel e inmediatas: inscripciones que se leen en los frisos etc.

Siguiendo la descripción de las partes de este edificio diremos, que el paso que sirve de vestíbulo desde la puerta principal al primer patio (el de la iglesia) se halla cubierto de bóveda con un platillo elíptico; el témpano del arco toral menor que da frente a la entrada, está adornado con las armas reales de España: a la izquierda de esta entrada se halla situado el cuerpo de guardia del principal del Castillo, y sobre él en el piso entresuelo al primer desembarco de la escalera que conduce a los pabellones destinados hace algunos años para arrestos, está el aposento del jefe o jefes de la guardia: tiene rejas que miran al recinto de la Ciudad y otra que da al patio sobre la puerta del cuerpo de guardia para comunicar a ésta las órdenes con oportunidad. A la derecha de la entrada principal hay un patinel, a donde dan las rejas de algunas prisiones.

Patio de la iglesia

Manifiesta la fábrica de este patio una construcción variada o de diferentes épocas, si bien todas de alguna antigüedad: la fachada sobre el arco que da paso al patio del centro o de Santa Isabel, aparenta ser más moderna, y se advierten algunas rectificaciones, particularmente en los huecos de los balcones del real aposento, rectificaciones con las que se han destrozado los elegantes adornos que existían anteriormente, y de los que solo se conservan algunos fragmentos de armas y escudos.

Debajo del real aposento se halla situada una estancia de planta octogonal de 26 palmos de diámetro, y sobre sus ocho lados se elevan otros tantos arcos formando diferentes ángulos rectilíneos a excepción de uno que es de forma de herradura. Todos estaban sostenidos de dos columnas de mármol de nueve palmos de altura, de las que aun existe la mayor parte pero mutiladas y maltratadas: el mármol blanqueado en la actualidad según los reconocimientos que se han hecho, parece ser de las canteras de Alcañiz. Los entrepaños y lienzos de sus paredes están adornados por el estilo de los de la Alambra, con trepados y calados arabescos de mérito y detenida ejecución: a pesar de los muchos siglos que han transcurrido y de lo que han padecido por las vicisitudes que son consiguientes, se deja ver en ellos gusto, riqueza y hermosura a la par que delicadeza y esmero en el trabajo. A diez y ocho palmos de elevación corre un techo con el que mutilaron la altura de esta estancia, pues que sobre él continúa la misma con un friso corrido, adornado de la misma talla, coronado de otro cuerpo más sencillo, en el que descansan columnitas de cuatro palmos y medio de altura, sosteniendo arcos apuntados formados de festones semicirculares, terminando los restos de esta mezquita a catorce palmos del mencionado piso, por el que lo es del real aposento donde nació Santa Isabel.

En la parte de occidente pero con la dirección al oriente se ve un nicho o hueco[6] a la que presta entrada el arco de herradura cubierto con una concha, en donde se supone que existía la pila bautismal: pero aunque pudo colocarse en tiempo de la restauración, parece indudable que este era el sitio en que hacían oración los reyes moros, pues allí estaba su oratorio o mezquita particular. Sabido es que los árabes miraban con la mayor escrupulosidad el cumplimiento de la oración llamada salath o namaz que constituía todo su oficio divino, y que la consideraban también de precepto divino.[7] En esta idea me confirmó el ser una de las condiciones de esta oración, el que la postura del cuerpo fuese mirando a la Meca y que cabalmente este nicho tiene su dirección al oriente, y así mismo el que, a pesar de no ser obligación según la ley el ir a la mezquita, la mayor parte acostumbraban a verificarlo, por lo que no es regular que los reyes dejasen de cumplir estrictamente con este requisito.[8] Para el que esté instruido en los arcanos de la antigüedad,

---

6   Este nicho que había en todas las mezquitas y en el que se colocaba el imam para dirigir la
     oración se llamaba El-Mehreb. Viajes de Alí Bey El Abbasi (don Domingo Badia y Leblich)
     por África y Asia durante los años 1803, 1804, 1805, 1806 y 1807, t. 1.º impresos en Va-
     lencia 1836, t. 1.º, pág. 100, Descripción de la mezquita de Fez.

7   La Turquía, por don Fermín Caballero pág. 55 y 58.

8   Alí-Bey en sus viajes citados, t. 1.º, pág. 130 habla también de estas oraciones aunque las
     da diferentes nombres que el de Salath cuyo último nombre se les daría quizás por que
     en algunas de ellas se pronuncia la palabra Salátou. Alí-Bey dice: Todo musulmán debe
     recitar la oración cinco veces al día; la primera la rayar la aurora, o cuando el Sol se halla
     diez y ocho grados bajo el horizonte por la parte de oriente: llámase Esebáh: La segunda
     después de medio día, en el momento en que la sombra de un cuadrante o bastón, colo-
     cado al Sol perpendicular sobre tierra iguala a la cuarta parte de su longitud; esta oración

esta aserción no puede ofrecer duda ninguna, mucho menos si fija la vista en la lámina que se encuentra a seguida de la página 172 tomo 1.º de los Condes de Barcelona vindicados, obra escrita por el señor don Próspero Bofarull. La referida lámina representa el frontispicio del Mihrab o adoratorio interior de la mezquita de la ciudad de Tarragona. Este monumento, dice este escritor, fue erigido en el año 960 de nuestra cuenta, es de mármol y se conserva casi íntegro en el claustro de la Santa Iglesia metropolitana de Tarragona empotrado en la cortina de pared del lado del poniente: que Conde refiere que Abderramán III mandó construir este arco y colocarle por fachada del Mihrab o adoratorio interior de la mezquita principal de Tarragona, que según indicios estaba muy cerca o en el mismo recinto que ocupa hoy su grandiosa catedral, que principió el Santo arzobispo Olegario por los años 1128. Este arco tiene una grande semejanza con el que se encuentra en la mezquita del Castillo de la Aljafería, y la comparación de entrambos eleva a un grado incuestionable de evidencia mis observaciones. Para mayor comprobación y para conservar un recuerdo de este monumento árabe, he hecho litografiar la estampa número 3.º, en la que se encontrarán retratadas parte de las bellezas de una mezquita desconocida casi totalmente hasta hace poco tiempo dentro y fuera de Zaragoza.

La Iglesia se halla actualmente situada en un ángulo a la derecha de la entrada de este patio, frente a dicho real aposento. Su planta es próximamente cuadrada, pues la constituye un rectángulo de noventa palmos de latitud por ochenta y cuatro de fondo, con tres naves en cruz de veinte y seis y medio palmos. Los pilares o machones que las dividen son sencillos, revestidos de

---

se llama Ed-duhur; la tercera en el instante que la sombra del palo o gnomon iguala a su longitud, y se llama El-aásar: la cuarta debe hacerse en el punto mismo que sigue a la entera puesta del Sol, y la llaman El-mogaréb: en fin, la quinta vez se recita la oración en el último instante del crepúsculo de la noche, o cuando el Sol se halla a diez y ocho grados bajo el horizonte por el lado de poniente, y es la que llaman El-áscha. Al fin en la nota 2.ª del apéndice pongo las oraciones que copia esta autor que son dignas de leerse por su originalidad.

Véase también lo que dice Viardot en la historia de los árabes pág. 232 sobre el Mihrab o santuario de meditación, y de su posición hacia la Meca refiriendo a la pág. 242, que se servían los árabes de la brújula hasta dentro de las paredes domésticas, para volverse al tiempo de la oración hacia el templo de la Meca.

pilastras dóricas sin proporción, basas ni zócalos: los capiteles corren por todos sus membretes, y sobre ellos una pequeña arquitrabe sirve de, imposta a las bóvedas apuntadas por arista con una sencilla moldura en sus arcos, y en cada uno de los nueve vértices en un florón dorado de tres palmos de diámetro se ven las barras de Aragón.

El atrio colocado en la nave del centro y enfilado en el altar mayor tiene una verja de madera que concluye en semicírculo. El altar mayor situado en la nave del centro al frente de la puerta bajo el arco que forma una modesta capilla, es un retablo de orden corintio, de arquitectura y construcción antigua en madera dorada. En su nicho está san Martín titular de esta parroquia castrense, de escultura moderna, a caballo en traje romano, representando la acción de dividir con la espada su manto para dárselo a un pordiosero. La figura de este es bastante regular, y la de san Martín sería completa, si su actitud fuese más animada, y en el corcel se imitase más la arrogancia de un caballo de batalla. A la izquierda del retablo se ve de cuerpo entero a san Pío V, y a la derecha al beato Benedicto X, ambas estatuas del tamaño natural y bastante buenas.

Lámina 3.ª La mezquita del Castillo de la Aljafería
Dibujo de N. Pinos. Lil. de L. Jayma Lit. Fca Bella
Representa la mezquita del Castillo de la Aljafería u oratorio de los reyes
moros.

Hay además del altar parroquial otros seis en sus respectivas capillas por el orden siguiente. A la derecha del altar mayor, el de san Jerónimo de columnas pareadas salomónicas, de orden corintio: el fuste de las columnas, la imposta del arco y el cornisamento son de mármol negro: sus basas, capiteles y la guarnición del arco son de piedra alabastrina. A la izquierda del altar mayor el de Nuestra Señora de la Correa, en un retablo de madera dorada estilo antiguo y de orden corintio. En la nave de la derecha y capilla del centro está Santa Isabel pintada al óleo en el nicho del retablo, cuya arquitectura y estilo es como el anterior con el aumento de una urnita que contiene el niño Jesús. El altar que sigue es de igual construcción y arquitectura, y en su centro se venera a la virgen del Rosario pintada al óleo. Frente a este altar y en la nave de la izquierda está la pila bautismal, sobre la que hay un retablillo con un crucifijo. A los costados están los beatos Simón de Rojas y Juan Bautista de la Concepción de tamaño medio natural. A continuación de la pila está el altar del Redentor crucificado en un retablo como los anteriores.

A la derecha e izquierda del atrio están sobre cartelas a la altura de seis palmos Santa Engracia y Santa Mana Magdalena, estatuas del tamaño natural bastante regulares. En los lienzos contiguos al pórtico hay dos grandes cuadros al óleo, mal ejecutados; el de la derecha representa la venida de Nuestra Señora del Pilar y el de la izquierda Nuestra Señora del Rosario y Santo Domingo. En la sacristía está San Nicolás de Tolentino con varios grupos de ángeles, de escultura mediana, en un retablo antiguo. El pavimento de la Iglesia está embaldosado.[9]

Patio de Santa Isabel

La obra de este patio es moderna; las paredes exteriores de la galería que forma su perímetro rectangular son de ladrillo sentado a cara vista, sus ventanas rectángulas de buena proporción. En la parte del lado del sur aparecen restos de tres arcos que se conoce ser de los primitivos, que formaron el contorno de este patio, y corresponden a la misma época que

---

9   Parecerá minuciosa esta relación de los objetos que contiene la Iglesia, pero mi designio al hacerla ha sido también formar una especie inventario con el que pueda acreditarse cuanto encerraba.

la mezquita. Son de forma apuntada en ondas semicirculares, adornados de arabescos iguales a los de la mezquita, y a uno de ellos le sostienen dos columnas de once palmos de altura, que aunque maltratadas y ennegrecidas, manifiestan ser de mármol de Albalate: los restos de una de sus bases acreditan haber sido de alabastro de Escatron.

Junto a estos arcos está el almacén de artillería designado con el número 4, que consiste en un salón de treinta varas de longitud con nueve de anchura, y según manifiesta debió tener en su origen sesenta y seis palmos de elevación, cubierto de bóvedas por arista de rosca de ladrillo, adornadas en los areos y aristas con fustes agrupados a tres: en el día está subdividida su elevación total por un piso intermedio, a la altura de treinta y dos palmos del piso terreno, y a ocho palmos debajo del arranque de los arcos que rompen sobre ménsulas.

También hay restos de esta misma fábrica con el mismo adorno y elevación a la espalda del lado del este del mismo patio, divididos igualmente por un piso intermedio a la misma altura, los que en el día corresponden desde el piso intermedio para arriba, al distrito de la habitación regia, con divisiones que dejan porción de los arcos a un lado y porción a otro.

Una de las crujías de este patio de paso al tercero, y forma un entrepilastras de sillería delgadas y airosas. Al terminar ese tránsito se halla a la izquierda y contigua a la entrada del tercer patio la grande escalera, que en dos tramos componentes treinta y dos gradas, conduce a la galería y pabellón o sala de Santa Isabel. La puerta de esta escalera concluye con un semicírculo cuyos radios de madera forman una reja sencilla. El pasamano, barandilla y paredes en las mesetas, están adornados con relieves arabescos, el techo presenta en sus bovedillas pintados haces de flechas, e intercalada la inscripción de Tanto monta.

Al desembarco de la escalera principian a correr las galerías destinadas en la actualidad para acuartelamiento de tropas, excepto la que corresponde a la entrada del salón de Santa Isabel: en el enmaderado de esta entrada se ve también pintada a trechos la inscripción del Tanto monta, y en el ángulo al frente hay indicios de una antigua puerta de comunicación con el interior de la servidumbre: existe todavía el remate de esta puerta con un adorno que manifiesta una grande antigüedad, y que es el de dos leones que sostienen un rollo de pergamino con unas letras antiquísimas en su centro. La estampa número 5.º figura 1.ª representa un residuo de la antigua decoración de este palacio. En los cuartos inmediatos se advierte todavía la montea de grandes arcos, que tiene su arranque en la parte inferior.

Sobre el dintel de la puerta de Santa Isabel se halla el escudo de las armas reales sostenido por otros dos leones: a los lados de esta puerta dos ojos circulares equidistantes dan una mediana luz al salón.[10] Este ofrece un aspecto majestuoso; recientemente blanqueado, y algún tanto limpios los adornos, aunque sin restauración de los deterioros que han sufrido, ostenta su galería o tribuna pública sobre el suelo de la cornisa, arquitrabada con inscripciones góticas que corren por los cuatro lados del rectángulo. Las dimensiones de esta tribuna parecen poco capaces para su objeto, aunque llenan cuanto permite los límites en que está construida. El techo de este antiguo salón es de una decoración hermosa y grave, que reúne la circunstancia de la solidez. En un armado de maderas formando casetones octógonos perfectamente moldurados y en su centro una piña dorada, así como lo están todas las molduras del salón. En el friso se halla dos roces en relieve la inscripción siguiente, que en uno de sus lados no se encuentra completa por los destrozos que ha sufrido aquel artesonado en las épocas aciagas de nuestras guerras.

Ferdinandus Hispaniarum, Siciliæ, Sardiniæ, Corsicæ, Bx I earumque Rex, Principum Optimus, Prudeuns, Stramus, Pius, Constans, Justus, Felix: Elisabeth Regina Religione et animi magnitudine supra mulierum insigni, conjuges auxiliante Christo Victoriosissimi, postliberatam amauris Bœticam, pulso veteri feroque hoste, hoc opus constuendum curarunt anno salutis MCCCCXCII.

La riqueza de estos artesonados tiene un recuerdo histórico que aumenta la gloria de los aragoneses, por hallarse dorados, según pretenden nuestros

---

10 El modo de dar la luz a este salón me recuerda lo que dice Alí Bey en el primer tomo de sus viajes pág. 228. «La arquitectura que se usa en Marruecos, es la misma que en otras ciudades del imperio, es decir, que se componen las casas de un patio con galerías al rededor, y salas largas y estrechas contiguas a ellas, las cuales no tienen otra luz que la que entra por la puerta.» Los observadores podrán considerar si es o no probable, que se conservase en España hasta fines del siglo XV el gusto de sus conquistadores.

historiadores, con el primer oro que se trajo de la América.[11] El Arcediano Dormer, en su obra titulada reyes de Aragón (pág. 397) al hablar de don Fernando el Católico refiere: que solía decir este rey «que por el gran celo que tenía de que en su reino se conservase limpia la santa religión católica le había dado Dios un nuevo mundo: así pasó, continúa, que en el año 1492, en que se ganó Granada, descubrió al fin de él Cristóbal Colón las Indias occidentales, en cuya conquista declara el rey don Felipe I (se entiende de Aragón, pues de Castilla es II) en las cortes de Monzón de 1585, que concurrieron los Aragoneses, y que deben gozar todos los puestos eclesiásticos y seculares que se proveen en ellas: y es de notar, añade, que el primer dinero que se libró a Colón se sacó de la tesorería de Aragón, y así dispuso también el rey, que del primer oro que se trajo de las Indias, se diese una parte a este reino, con la cual se doraron los techos y artesones de la sala mayor del real palacio de la Aljafería.» Toda la parte correspondiente a la sala de Santa Isabel, galerías antesalas y gabinete real, está recientemente blanqueado y pintada su carpintería, lo cual se ejecutó con motivo de la visita, que se suponía haría S. M. doña Isabel II a este alcázar en 1844, y que por fin verificó la tarde del 27 de julio de 1845.

No podemos al hacer esta relación, dejar de copiar las elocuentes palabras, que al hablar de las bellezas artísticas de este monumento, se leen en una publicación estimable.[12]

«Del salón de Santa Isabel por ejemplo, de este magnífico resto de la grandeza del antiguo Reino de Aragón; de esa joya arqueológica, que la heroica Zaragoza ha conservado en medio de las ruinas de sus modernos edificios ¿qué podremos decir que no hayamos va escrito al describir otros

---

11   Aunque amante en extremo de las glorias aragonesas, no dejo de encontrar dificultad para creer, que con el primer oro venido de América se dorasen los salones de la Alfarería, y me fundo en que Colón levó el ancla en el puerto de Palos el 3 de agosto de 1492 para principiar sus descubrimientos: salió e uno de los puertos de las islas de América el 4 de enero de 1493, de regreso a España, y llegó el 15 de mayo de dicho año al mismo puerto de Palos.

    La inscripción que hay en las salas lleva la fecha de 1492; su trabajo exigía largo tiempo: luego no pudo dorarse con el primer oro que trajo Colón, a no ser que se dorase después.

12   La España monumental.

muchos monumentos de la misma época de los reyes Católicos, esto es, del siglo XV?»

«Verdad es que el tal salón recuerda la grandeza característica de la monarquía española, que lleva impreso el sello de la elevación ostentosa, que es casi proverbial en la península, y que como todos los edificios de su tiempo parece que da testimonio de la robustez moral que el trono iba adquiriendo, merced a sus continuos triunfos y a expensas del poder de una aristocracia, más turbulenta acaso en Aragón que en otro ninguno de los estados españoles, pero las reflexiones a que considerado el edificio bajo ese punto de vista daría lugar, prescindiendo de que no son para tratadas ligera e incidentalmente, salen por otra parte de la artística esfera en que debemos encerrarnos.»

«Indicar pues la belleza del artesonado, que es uno de los buenos de aquel buen tiempo para las artes españolas; llamar la atención sobre la graciosa galería que circuye el tercio superior del salón, señalar la elegancia, y por último decir que aun en medio del abandono y desnudez actual del salón de Santa Isabel, transpira, por decirlo así, como en un varón eminente que sucumbe a los rigores de la fortuna, cierto aire de grandeza y majestad, que la miseria no acierta a desvanecer, y que el alma generosa contempla respetuosamente, es todo lo que en resumen creemos oportuno en la ocasión presente. Es así mismo muy digno de notarse, pertenece por su estilo a lo mejor del renacimiento de las artes, cuando en el resto de España no había en su tiempo sino muy pocos edificios de aquel género.» Para hacer ostensible, aunque en miniatura, esta obra tan preciosa encerrada ahora en el recinto de un cuartel, se acompaña la estampa que lleva el número 4.º

Lámina 4.ª Salón de Santa Isabel
Lil. de L. Jayma, Zaragoza
Salón de Santa Isabel

Saliendo de este magnífico salón, que debía ser el del trono o de embajadores, se encuentra a la izquierda el gabinete o sala de Santa Isabel con una alcoba, en cuya estancia se dice que nació esta reina; tiene un balcón que cae perpendicular sobre la antigua mezquita u oratorio árabe que hé descrito anteriormente. Tiene esta sala por techo un artesonado de poco relieve, pero de mucho gusto y complicación. Se compone de casetones, cuya figura general es un cuadrado, pero trazados y enlazados de modo que forman dieziseiságonos separados entre sí por los cuadrados que resultan de su enlace. En el centro se echa de menos el escudo de las armas reales que debía existir anteriormente: en los cuatro que corresponden a sus lados se ven dos yugos y entre ambos la inscripción de tanto monta: en los restantes tan solo un yugo.

La antesala que comunica el salón con el gabinete de santa Isabel, no tiene digno de atención sino el techo que también es de casetones, en figura de rombo con su piña en el centro y molduras también doradas. Esta sala tiene así mismo un balcón que da sobre el patio de la Iglesia.

A seguida caminando a la derecha hay otra sala cuyo techo está adornado por el mismo estilo que los anteriores en cuyo medio hay un escudo de armas circundado de un casetón dieziseiságono, desde el cual se extienden las molduras formando pentágonos irregulares, pero iguales y semejantes, alternando con cuadros que forman el conjunto de los casetones. Desde allí se pasa a otras estancias espaciosas con su gran chimenea, que conservan un enmaderado particular, como lo observará cualquiera que las visite. En el friso del artesonado de las tres salas de afuera que acabo de describir, se halla repetido el letrero latino que antes he trasladado literalmente.

Capítulo IV. Significado del lema de la empresa tanto monta

La repetición misteriosa de las palabras Tanto monta en la pintura del cielo de la escalera principal y en los artesonados de las salas, y el yugo con el nudo gordiano, y los haces de flechas, muestra que ésta era una divisa del rey católico y el recuerdo de una grande hazaña. Don Juan de Orozco y Covarrubias en su libro de los emblemas morales[13] hace una explicación de esta divisa, que aunque diferente de lo que hacen otros, no la debemos omitir. Este autor después de hablar de las empresas que usaron Augusto César, Pompeyo, Cayo César, Antonino, Galba, Constantino, al tratar de las de don Henrique IV, don Fernando y el emperador Carlos V dice: «de los reyes de Castilla algunos usaron empresas, como fue el rey don Henrique IV la granada abierta con el mote "agro dulce" en que se mostraba la condición que han de tener los príncipes en ser agrios para los malos, y dulces para los buenos, como se verá en el emblema que hicimos de esto, y luego añade: el rey Católico usó un tiempo una empresa del ayunque y del martillo, y de ella no hay memoria, ni aun era tan propia a tan gran príncipe, y la que escogió después y se publicó, fue admirable en las saetas y el yugo con la letra tanto monta, en que no se tuvo cuenta con lo del nudo gordiano, y el dicho de Alejandro tanto monta cortar como desatar: y quiso decir que por fuerza sujetándolos con las armas, como son las saetas, o rindiéndose ellos y sujetándose al yugo los que eran enemigos y rebeldes, habían de ser suyos, y esto es lo que tanto monta de grado o de fuerza: y así sucedió en la empresa que tomó a pechos de conquistar el reino de Granada, que vencidos del poder de las armas vinieron al yugo, y se entregó la ciudad al principio del año 1492.» Para que se vea la divisa del tanto monta en su

---

13 Cap. 10 pág. 45 impresión de Segovia año 1591: cuyo libro he adquirido recientemente: pero antes había visto una impresión hecha en Zaragoza en 1604.

forma primitiva, se acompaña una copia sacada de un libro antiquísimo.[14] Estampa núm. 5.º figura 2.ª[15]

Lámina 5.ª Dibujo de armas Fig. 1.

---

14 El libro a que me refiero es uno escrito en verso por Pedro Marcuello en 1482. Todo él es de vitela con adornos de oro y pintura elegantísimos, y con las primeras letras de las décimas doradas. En él se hallan varias estampas que representan a los reyes católicos con la infanta doña Isabel: después parece que se raspó su nombre y se substituyó el de doña Juana (que fue esposa de don Felipe I el hermoso llamada vulgarmente la Loca). Contiene también muchas efigies de santos y santas. El argumento se reduce, a que Marcuello, que según se infiere, estuvo empleado en Teruel y Talavera, pone en boca de su hija que aparece arrodillada rezando, diversas plegarias a varios santos, para que concedan un feliz éxito en la conquista de Granada. A la reina Isabel la llama gran bautizadera de Moros. De este libro se copió la estampa del Tanto Monta.

Según las noticias que hé adquirido, este libro que indudablemente fue regalado a los reyes católicos, lo trajo a Aragón don Juan de Austria (no el I sino el II). Después de escrita esta nota me ocurrió ver la biblioteca del Racionero Latasa, el cual en el t. 2.º, pág. 312 habla de este libro que lo vio y examinó, como yo hé tenido también la suerte de verlo. Dice que Pedro Marcuello era Alcaide de la villa de Calatorao, y pretende que este libro fue una de las dádivas que el fundador de la cartuja de Aula-Dei don Fernando de Aragón arzobispo de Zaragoza y nieto de don Fernando el Católico hizo a este monasterio.

15 No ignoro que otros dan distinto significado a este lema, y entre ellos Ponz si mal no me acuerdo, diciendo algunos que TANTO MONTA, es una abreviatura del lema tanto monta, monta tanto Isabel como Fernando: aludiendo sin duda a la estrecha unión de estos dos esposos que procedieron con tal acuerdo en el gobierno de sus estados.

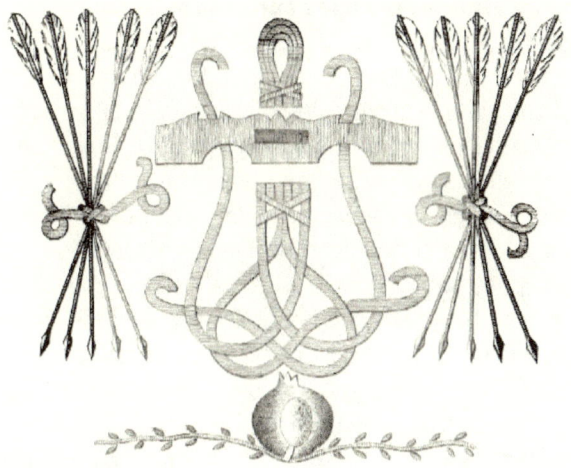

Dibujo de armas Fig. 2.
Lil. de L. Jayma

Capítulo V. Descripciones que hacen de este edificio nuestros escritores antiguos, y algunas noticias curiosas sobre su distribución interior

Es verdaderamente doloroso, que nuestros escritores no se hayan ocupado como debieran en describir este monumento. Quien da algunas noticias, pero muy vagas y generales, es el padre fray Diego Murillo[16] que escribió sobre las excelencias de Zaragoza, y asistió como religioso de san Francisco al entierro del justicia de Aragón don Juan de Lanuza, decapitado en 20 de diciembre de 1591, pues al hablar de la Aljafería dice tan solo «que es palacio real, alcázar y casa de placer, que fue de los reyes moros, fundada por el rey Abenalfage, que fue el 4.º de los que reinaron en Zaragoza, cerca de los años del señor 864. Es un edificio grandioso, cercado de muchas torres,[17] que ahora muchas de ellas sirven de cárceles para los delincuentes. Aposentáronse después en ella muchos reyes cristianos, y el rey Católico hizo en ella muchas cuadras y aposentos con sus escudos de armas, y empresa de las coyundas y lazos con el tanto monta: todo muy bien labrado y dorado con otras muchas molduras, y sobre todo, hizo una hermosísima sala que llaman sala dorada, porque toda la techumbre de ella, demás de estar labrada a las mil maravillas, parece un puro oro finísimo. Demás de esto, todas estas cuadras y sala tienen unos frisos que les sirven de adorno, con un letrero de oro en campo azul, en que se hace memoria de los reyes Católicos sus fundadores. Tiene también muchos aposentos y salas que aun perseveran desde el tiempo de los reyes moros, y en especial una sala baja que llaman la sala de los mármoles, que para el verano es fresquísima. Las vistas de este palacio son en sumo grado apacibilísimas, porque participan de todo lo que puede desear la vista, en razón de diferencias de visos, como son agua, arboledas, montes, huertas, casas de placer y otras cosas semejantes.»

---

16 Excelencias de Zaragoza tratado 2.º, cap. 49, pág. 419.

17 Sin duda entonces existían visibles las que desaparecieron en la renovación, de las que únicamente se conservan vestigios en lo interior del edificio, y que dieron lugar a las sales de Cervantes.

Esta descripción es demasiado vaga, y no nos presenta datos para conjeturar cuál era la construcción antigua de este palacio, en el que vemos mezclada y eslabonada la obra antigua con otras de diferentes épocas. A pesar de mis continuas investigaciones, no he podido descubrir, dónde se hallaba la sala de los mármoles, y solo conceptúo que haya podido estar en donde ahora se halla un calabozo colocado en el patio de Santa Isabel, sobre cuya reja que quizás sería antes puerta, se ve el escudo de las armas de los reyes Católicos, en las cuales se encuentra también una granada, prueba clara de que la reparación de este edificio se completó después de aquella conquista.

Hasta el erudito y curiosísimo don Antonio Ponz en sus viajes, al paso que en otros objetos se detuvo con minuciosidad, del castillo de la Aljafería habló ligeramente.[18] Todo cuanto dice, se reduce a lo siguiente. «No es para omitir la antigua fábrica del castillo o fortaleza que hay fuera de los muros de esta ciudad, que llaman la Aljafería. Se conservan en él varias salas del tiempo de los reyes de Aragón, entre las cuales es muy particular la más grande por sus labores de oro y azul, anditos y techumbre, destinada como es de creer para celebrar funciones. La capilla es de buena planta y de tres naves donde dicen que se bautizó Santa Isabel. Cuando se efectuó aquel malogrado casamiento de doña Catalina de Aragón, hermana de Fernando el Católico, con Enrique VIII de Inglaterra, le llevó entre otros dones, porción de armas, particularmente espadas de grande estimación entonces, con la marca de la osa y el perrillo, y con el nombre de Andrés Ferrara célebre artífice de Zaragoza. «Con tal ligereza habló este instruido viajero del alcázar de la Aljafería, no parándose a describir ni la mezquita, ni otros objetos que eran dignos de una mención particularísima; sin duda o porque recorrió rápidamente aquella fortaleza, o porque no le llamaría la atención algún curioso del país.

Mr. Alejandro Laborde en su itinerario descriptivo de España[19] no da tampoco sino noticias generales alabando la cantidad, variedad y belleza de la pintura, dorado, y adornos del salón.

Noticias más circunstanciadas nos suministra de la antigua topografía de este alcázar, la relación que hace Blancas de la manera con que se adornó

---

18 Ponz, viaje para España, t. 15, carta 3.ª, pág. 81.
19 T. 2.º, impresión de París en 1809, 2.ª edición.

en la coronación del rey don Martín,[20] verificada el domingo 13 de abril de 1399, refiriéndose a otra que hizo Carbonell, y que según expresa, se conserva en el archivo de Barcelona. «Cuanto a lo primero, dice, el real palacio de la Aljafería, que era donde el rey posaba, parece ser estuvo aderezado de esta suerte. El patio mayor estaba todo entapizado por las paredes de muy ricos paños de raz, y por sobrecielo a manera de pabellón para defenderse del calor, se pusieron unas grandes velas de amarillo y colorado a tiras, con las armas reales de Aragón. Por el suelo del patio se pusieron dos órdenes de mesas, la una debajo de los corredores entre los pilares que los sustentan y las paredes, y la otra por de fuera, y al un cabo en lo que cae hacia la capilla de san Jorge, que es hacia la parte de mediodía, se puso un tablado de madera, al cual se subía por cuatro gradas, donde se puso la mesa para el rey, debajo de un rico dosel de terciopelo carmesí bordado de oro, con una muy rica silla que de todas partes se podía ver. En medio del patio, en lo descubierto, en frente de esto, había un grande aparador de plata, con muy ricos vasos de todas maneras para el servicio de la mesa del rey. Delante de este aparador se hizo un surtidor muy lindo con tres caños, que echaban de sí, el uno vino blanco, el otro clarete y el otro agua. Sin este aparador había en el mismo patio otros sendos aparadores, a cada lado el suyo, con gran cantidad de vajilla de plata para el servicio de las otras mesas. En el otro patio que está más adelante, al entrar del aposento que llaman de los mármoles,[21] había por sobrecielo para defenderse también del calor, unas velas grandes blancas y azules a tiras; y también estaba todo este patio

---

20 Coronaciones de los serenísimos reyes de Aragón escritas por Jerónimo Blancas, pág. 62.

21 En esta relación a la pág. 65 se dice que el rey don Martín salió con el manto frederical y un bonetillo que llamaban chapelete, lleno de perlas y piedras de valor, de la cuadra de los paramentos a la de los mármoles, y que allí se sentó debajo del dosel, y se mostró a los suyos; a la pág. 67 que en esta sala fue armado caballero M. Pedro Torrellas, conocido con el sobrenombre del rey Petit. A la pág. 78 que levantándose el rey de la mesa en que comió, se entró a la sala de los mármoles: y en la coronación de la reina doña María de Luna, esposa del rey don Martín, se dice lo mismo con respecto a esta señora. En la coronación del rey don Fernando I se denomina esta sala con el dictado de palacio, como también a la pág. 100, y así mismo en la coronación de la reina doña Leonor. No cabe duda pues que era una sala baja.

entapizado de otros paños de raz muy ricos, y había puestas por su orden otras mesas.»

«Otro aposento más adentro, que llamaban el de la chimenea,[22] estaba también todo colgado de tapicería más fina, y allí había un rico dosel, y este aposento sirvió para que la reina comiese los días que duró la fiesta de la coronación del rey. La sala grande que llaman de los mármoles, estaba de la misma manera entapizada con paños de raz de más linda estofa, y en medio estaba puesto un dosel más rico que los demás, y una muy rica silla debajo de él. Dentro de esta sala había la cuadra que llamaban de los paramentos, y en ella[23] estaba la cama del rey, que tenía las cortinas de terciopelo carmesí con bordadura de oro y con las armas reales, y estaba toda esta pieza con colgadura de tela de oro y de brocado.»

Todavía se encuentran más pormenores a cerca de la extensión del patio, en la relación que hizo Alvar García de Santamaria, testigo presencial (copiada por el mismo Blancas) de la coronación de don Fernando I,[24] en cuya relación se ven noticias muy curiosas. «En ésta (la Aljafería) había un corral que había en luengo 54 pasos e ancho 40 pasos, el cual corral fizo el dicho señor rey cubrir de madera de pino blanco, con teja vana, sin tierra, con sus lumbreras que estaba muy claro, e con este fue fecha una gran sala a maravilla, e estaban todas las paredes cubiertas de paños franceses broflados con oro e sin oro, e asentamientos de muchas mesas, e un asentamiento sobre gradas real, dó comió el rey, día de su coronación, según que adelante oirédes; esta sala estaba el cielo cubierto de piezas de paños de lana, una pieza bermeja, e otra amarilla, e decían que había en el cielo de la sala más de setenta piezas de paño, e después de puestas parecía[25] el cielo armas reales de Aragón.»

También advertimos en la relación que el mismo Alvar García hace de la coronación de Fernando I, que se hace mención del palacio de las Jarras.[26]

---

22   En las págs. 64 y 76 se hace también mención de esta estancia diciendo en dicha última página, que la reina esposa de don Martín comió en la cuadra de la chimenea que estaba en el aposento de los mármoles.
23   De esta estancia también se vuelve a hablar a las págs. 65 y 78.
24   Blancas, coronaciones, pág. 92.
25   Blancas allí pág. 92.
26   El mismo Blancas pág. 101.

Observamos por los trozos que he transcrito de estas relaciones, que había patios como los hay ahora en la Aljafería, pero a pesar de todo, ¿cómo es posible saber con puntualidad su antiguo estado? Ni memoria se conserva de la capilla de san Jorge, ni podemos atinar sino por conjeturas donde estaba la sala de los mármoles, e ignoramos de todo punto a donde caía el palacio de las Jarras. También Blancas[27] dice que el rey don Martín fue el lunes a oír misa a la capilla que decían de Santa María, la que no podemos adivinar donde existía.

Debemos deplorar que en tiempo de los reyes Católicos cuando se reparó este edificio, y en las renovaciones posteriores, no se sacase un plano de su situación y de sus antiguas estancias, o que a lo menos no se hiciese una descripción exacta.[28]

Es tanto más extraño este descuido, cuanto que la fama de este alcázar se halla comprobada con las traducciones de las crónicas caballerescas. En

---

27 Coronaciones pág. 78.
28 Parece que es hereditaria esta incuria, cuando en nuestros días hemos visto derruir la cárcel de manifestados, el arco de Toledo, y los torreones que tenía a sus costados, sin que previamente se haya hecho sacar un diseño, que representase el aspecto de aquellos edificios antiquísimo. Únicamente se conserva en el almacén del Ayuntamiento una lápida que existía en el centro, en la cual se lee una octava que copié y que pondré a continuación, porque a pesar del gongorismo de algunos versos, merece conservarse por lo que significan, haciendo ver el poder de los jurados.

Esta, que a escala del Olimpo anhela,
Desvelo ha sido de atención augusta,
De cuyo nombre, cuando el aire vuela
Oirás que el eco la publica junta.

Pero si al delincuente aun no desvela
Su grandeza fatal, si aun no le asusta,
De sus jurados lea en cada nombre
Severo un juez, que su osadía asombre.
Don Jerónimo de Rivas
Don Jerónimo de Salazar
Don Domingo Antonio Montaner
Don Gregorio Dionisio Palacio
El doctor don Juan de Llera.
Año 1673.

44

él se supone que estaba encerrada la célebre Melisendra, y por eso Cervantes en la segunda parte del Quijote,[29] pone en boca del muchacho del titerero una historia que, según decía, era sacada de las crónicas francesas y romances españoles, que andaban en boca de las gentes y muchachos por las calles; la libertad que dio el señor don Gaiferos a su esposa Melisendra, que estaba cautiva en España en poder de moros, en la ciudad de Sansueña (que así dice Cervantes se llamaba entonces Zaragoza):[30] y más adelante continúa el joven titerero, «vuelvan vuesas mercedes los ojos a aquella torre que allí parece, que se presupone que es una de las torres del alcázar de Zaragoza, que ahora llaman la Aljafería, y aquella dama que en aquel balcón parece vestida a lo moro, es la sin par Melisendra».

---

29 Cap. 26 libro 5.º de la edición comentada por don Diego Clemencin.

30 Cervantes habla con equivocación, pues Zaragoza nunca se ha llamado Sansueña; antes de Ausgusto se llamó Sálduba. Lo más que se puede presumir es que Sansueña estuviese cerca del Ebro, según el padre Maestro Leons que en la oda de la profecía del Tajo, hace que éste pronostique desgracia, y luto

A los que en Constantina
Rompen el fértil suelo, a los que baña
El Ebro, a la vecina
Sansueña, a Lusitaña
A toda la espaciosa y triste España.

Capítulo VI. De la época en que se construyó la Aljafería: por quite, y destino que le dieron los moros

Es un hecho constante que no se puede poner en duda, que el alcázar de la Aljafería fue construido por los moros, los cuales ocuparon a Zaragoza el año 714,[31] según nuestras crónicas, que no me parece que van desacertadas en este punto. Hasta los escritores árabes suponen, que a Muzaben Noseir que tuvo el mando de los muslimes en África, se le hicieron invitaciones por algunos cristianos de la Península para pasar a España. Es notable que los que aconsejaban esta entrada, decían entre otras cosas, como refiere Conde,[32] que las amenidades de España no las puede igualar ni expresar el más elegante discurso; ni en la carrera de sus excelencias hay quien se adelante; que en esta competencia aventaja a todas las regiones de Oriente y Occidente; que España es Siria en bondad de cielo y tierra, Yemen o feliz Arabia en su temperamento; India en sus aromas y flores; Hegiaz en sus frutos y producciones; Catay o China en sus preciosas y abundantes minas; Adena en las utilidades de sus costas; que en ella hay ciudades y magníficos monumentos de sus antiguos reyes y de los jonios, que fueron siempre pueblo sabio, y que todavía se conservaban restos de ellos en España, como de Hércules el grande en la estatua de Gecira, y el ídolo de Galicia, y las grandes ruinas de Mérida y Tarracona, que no se había visto cosa semejante.

Con el ansia de esta conquista pasó Taric-ben-Zen-yad, e hizo un reconocimiento en el julio de 710: en su 2.ª expedición desembarcó en Gecira-Alhadra (isla verde), y se fortificó en la punta de Gecira, que en honor suyo se llamó Gebal-Taric o monte de Taric, o monte de la Victoria o entrada; cuyos hechos de armas se refieren al año 711. Poco después ocurrió la batalla de Guadalete, durando ocho días según nuestros historiadores, y según los árabes tres, el combate más encarnizado. El ejército de los sarracenos aumentado con los refuerzos del Wali o gobernador Muza se extendió como un río que sale de madre sobre la desventurada España, porque aunque Taric tenía orden de detenerse hasta que el Wali se juntase con él; consultados

---

31   Blancas pág. 115 supone que Zaragoza cayó en poder de los moros en 716.
32   Historia de los árabes, t. 1.º, cap. 8.º, pág. 27.

sus capitanes dividió el ejército en tres cuerpos: el 1.º confió a Mugueiz: el 2.º encargó a Zayde ben Kesadi el Seksek para que caminase a tierra de Málaga; y el 3.º acaudillado por el mismo partió a lo interior del reino por tierra de Jaén a Toledo. En este punto se juntaron Taric y el Wali Muza destituyendo este a aquel, y encargando el mando de sus tropas a Mugueiz. Taric, que fue por orden del califa restituido después en él, puso cerco a Zaragoza, a donde siguiendo la corriente del Ebro llegó también Muza con su ejército. En esta ciudad, dicen las crónicas árabes, se había reunido mucha gente de España: el riguroso cerco y los combates la tenían ya muy apurada y cuando llegó Muza decayeron de todo punto de ánimo los cristianos, y luego salieron a proponer su entrega con buenas condiciones. Muza sabía, que allí estaban depositadas muchas riquezas de todos los pueblos de España oriental, y no ignorando el triste estado en que se hallaban por falta de provisiones, les impuso sobre las condiciones ordinarias una muy grave exacción, que debían pagar el día de la entrada en la ciudad: ésta era la contribución de sangre, porque con ella se redimían de las violencias de la espada del vencedor. La necesidad los forzó a todo, y allegaron y recogieron todas las alhajas de los vecinos poderosos y de los templos, para cumplir la gran cuantía que pidió Muza ben Noseir: asimismo tomó rehenes a su contento de la juventud noble de esta ciudad: puso en ella un buen presidio con escogida gente, dando el gobierno a Hanax ben Abdala Asenani, que poco después edificó allí una mezquita y una principal aljama. Nuestros escritores van acordes con lo que refiere Conde, diciendo además que Muza llegó a Zaragoza después de haber hecho un grande estrago por su resistencia en Catalayud, llamada entonces Bílbilis. El maestro Diego Espés en su historia manuscrita, que se encuentra en el archivo del Metropolitano templo del Salvador de esta capital y que hé registrado con este motivo,[33] pretende asimismo, que Muza y Tarif iban con ejército separado, y que se reunieron en Zaragoza, de cuya opinión es también Zurita, y que esta ciudad capituló con condiciones honrosas, siendo una de ellas la de dejarla vivir en su ley. Este escritor sostiene que Zaragoza fue ganada el año 714 y no el 716, como dice Rasis, fundándose para combatir el error de este último, en que un año antes del 716, el general Tarif, y el gobernador Muza habían vuelto de la Francia gótica a Córdoba,

33   Espés pág. 210.

refiriendo en su apoyo una carta que supone escrita por don Pelayo a Tarif en la era 753 o año de J. C. 715.

Entregada (continúa Espés) la ciudad de Zaragoza a su enemigo con el mejor concierto que pudieron, dejaron aquellos generales de los árabes por gobernador y alcaide de esta provincia a un capitán llamado por nombre Ismad Abenhut,[34] hombre de mucho esfuerzo y valor, natural de la Arabia.

En España quedó mandando Muza, a quien Vlith encargó su gobierno, y por su muerte se confirió el mando a Abdulaziz, su hijo que es de quien se cuenta haber enviado a Abdemelec Abencat, a que persiguiese a los cristianos hasta el monte Vruel inmediato a Jaca. Por muerte de Abdulaziz se dividieron los árabes de España, y se separaron de la obediencia del califa Vlith, a quien la habían prestado durante largo tiempo después de la conquista. Temiendo la venida de Carlomagno, crearon para su defensa un rey que residía en Córdoba, pero aumentadas las discordias, los gobernadores de las ciudades se alzaron con su mando como régulos.[35] Zaragoza corrió la suerte de las demás ciudades populosas, y tuvo también su rey.

Apoderados los moros de ella, ejecutaron las obras necesarias para su defensa y recreo, y además del palacio de la Azuda, que se supone existía donde ahora está san Juan de los Panetes, y en el que se hospedó el rey don Alonso el batallador a su entrada en Zaragoza, construyeron el de la Aljafería que estaba próximo al 2.º muro de la ciudad. Esta era mucho más reducida que lo que es ahora, cuando fue conquistada por los moros. Augusto César que la reedificó, construyó con la piedra picada que hizo traer con barcas de las ruinas de Julia Celsa (que unos pretenden ser Gelsa y otros Velilla),[36] un muro que principiaba en el sitio que ocupaba el monasterio del Sepulcro, que continuaba hasta el Pilar, y cruzando por el local en que está la capilla de san Agustín,[37] corría derecho a san Juan de los Panetes, y de allí seguía

---

34 En cuanto al nombre del gobernador hay variedad con el que menciona Conde. Los dos pueden decir verdad, por que pudo haber dos gobernadores en el mismo año.

35 Blancas pág. 115. El califato de Córdoba se estableció según varios escritores en 756.

36 Luis López.

37 En el templo de Nuestra Señora del Pilar casi no se conoce capilla que tenga este nombre, pero por las investigaciones que hé hecho es indudablemente la del Santísimo, pues en ella se encuentra un cuadro de san Agustín y con este nombre la designan algunos eclesiásticos antiguos. El Santísimo se trasladaría allí en tiempos posteriores, pues durante la

por la izquierda de la Albardería y Coso,[38] hasta juntarse con el castillo de don Teobaldo, que estaba en el Sepulcro. Frente de este muro se hallaba el foso, que después ha dado el nombre de Coso a esa calle magnífica. A más de este muro había otro no tan fuerte, apartado por unas partes mil pasos y por otras menos, el cual ya databa del tiempo de los godos, pues en 544 hallándose sitiada Zaragoza por el rey Childeberto (sitio que se levantó mediante la cesión de la túnica de san Vicente) se hizo una procesión con grandes lamentos entre los dos muros. Que el segundo llegaba hasta el sitio que ocupa hoy la puerta del Portillo, lo demuestra el intentado asalto de los moros por aquella parte, poco después que fue reconquistada Zaragoza, y cuya derrota dio lugar a la erección del templo de Nuestra Señora titulada del Portillo. Este muro se extendía desde la Azuda al Portillo; desde este punto hasta el Carmen (cuya puerta se llamaba entonces Baltax) y seguía por la torre de Zaporta, santa Engracia, santa Catalina, Puerta Quemada, san Agustín y de allí corría hasta la puerta de Sancho.[39]

Se ha hecho esta descripción de la antigua topografía de la Ciudad, para que se vea que el castillo de la Aljafería no se hallaba tan distante, como se supondria en otro caso, y que al mismo tiempo que era un sitio de recreo de los reyes moros, era un punto de defensa en aquella época en que no se conocía la artillería. Bajo este doble concepto fue construido sin duda por los moros. Así es que en este alcázar se hospedó, según refiere Conde, Abderramán Anasir rey de Córdoba cuando por los años 917 vino a Zaragoza.

---

dominación sarracena se guardaba en algún paraje recóndito, y he visto en el archivo del Pilar un armario con gruesas verjas de hierro, donde se tenía guardado, siendo de presumir que continuase de este modo cuando eran tolerados los judíos, de quienes los cristianos recelaban desacatos a la hostia consagrada.

38   Para memoria de este muro, al construir unas casas nuevas en las piedras del Coso en el sitio que aquel ocupaba, se puso una lápida con el siguiente hexámetro latino, que compuso el señor don Miguel Villava Regente de le Real Audiencia de Aragón.

Saxeus hoc murus: veterisque hic terminus urbis.

Que traducimos:

El muro y linde aquí mira de Augusta.

39   Luis López, pág. 73.

Esta obra se atribuye a Abenalfage, que si creemos a nuestros historiadores reinó desde 864 hasta 889. No puedo pasar por alto, que el nombre de este monarca no resulta en el catálogo de los reyes moros que pone Conde en su historia, ni tampoco en el que trae el erudito don Juan Francisco Masdeu en el tomo 15 que trata de la España Árabe: pero este no es un motivo[40] para que nosotros reputemos fabuloso este personaje, cuya memoria se conserva desde la más remota antigüedad en un edificio que lleva su nombre.[41] Así es que Bartolomé Leonardo de Argensola[42] dice que los moros lo llamaron Alfajería y no Aljafería como ahora; de cuya rectificación, hecha por un hombre tan instruido en nuestras antigüedades, se deriva otro comprobante de quien es el verdadero autor de este alcázar.[43] El erudito Luis López en su obra titulada, Trofeos y antigüedades de Zaragoza, página 345 dice: que habiéndose alzado el capitán Abdila con la corona de Zaragoza por la ausencia de Aben-Lope, que fue a establecerse en Toledo, los historiadores no hacen mención de otro hasta el año 864, en que hablan de Abenalfage que según refieren, entrando en Zaragoza se tituló rey, mostrándose magnánimo y generoso, perpetuando su memoria en edificios públicos, y que Blancas en sus comentarios le atribuye el de la Aljafería que fue palacio de los reyes moros.[44] El mismo López dice que también se le atribuye a Abenalfage la

---

40 Por si los lectores gustan examinar más detenidamente esta materia, ponemos al fin en la nota 3.ª del apéndice la cronología de los reyes moros de Zaragoza por Masdeu, Conde y Blancas.

41 El señor don Próspero Bofarull en el t. 2.º, pág. 144 de su historia titulada los Condes de Barcelona vindicados, habla de Abenálfanje que algunos suponen que era hijo con Zulema de Almudafar, el cual se pretende que reinó en esta ciudad en 1081 al que otros escritores, y entre ellos el padre Risco llaman Almotacder Billa, y a los hijos Almutacman y Alfagib. Cuando hombres tan eruditos dudan, fácil es conocer la oscuridad que presenta la cronología de los reyes moros.

42 Lo cita también Dormer en sus discursos varios de historia pág. 112 de manera, que hay en favor de esta opinión la noble autoridad de dos cronistas respetables.

43 Blancas al hablar de Abenalfage sigue la misma opinión, apoyándose en la del arzobispo don Fernando, quien pretendía que este mismo rey moro fundó a Alfajarin, que dista unas tres horas de Zaragoza en el camino de Barcelona.

44 No faltan, según López, algunos que después de Imundar, que reinó en Zaragoza en 1003, ponen como su sucesor a un tal Aljaph, a quien llevados de la similitud del nombre hacen constructor de la Aljafería y de la Mezquita que ahora es el templo del Salvador.

construcción de la mezquita mayor, hoy la Seo o Metropolitana, y se funda en que siendo obra de moros a ninguno puede aplicarse con más propiedad, porque habiendo construido un palacio para sí, no es regular que lo dejase de construir para las ceremonias de su secta. Fundado igualmente en el celo de Abenalfage por el islamismo pretende, que para poder hallarse con más comodidad y sin publicidad en la mezquita, hizo hacer una vía subterránea desde la Aljafería hasta la mezquita mayor, que atravesaba a lo largo la mayor parte de la ciudad, sobre lo cual se refiere vagamente a los escritores que tocaron este punto, y a los diversos vestigios que se hallan en los subterráneos de algunas casas de la calle de la Cuchillería. Blancas también hace esta indicación en sus comentarios, diciendo que no se atrevería a aseverarlo, sino se encontrasen varios subterráneos en muchas partes de la ciudad. Deseoso de informarme de esta particularidad, he tratado de hacer averiguaciones, y mi estimable compañero el letrado don Manuel Villava me ha manifestado, que al reedificar su casa que se halla frente al arco de san Roque, encontró un subterráneo o bóveda; y el archivero del metropolitano templo de la Seo don Pedro Dusen me refirió así mismo, que desde dicho templo, si quiere, desde la capilla de nuestra Señora de las Nieves, que es la contigua a la de san Valero, entrando por la puerta del Santo Cristo, corría una bóveda subterránea bastante espaciosa y honda de mampostería, que se dirigía hacia la plaza de Santa Marta, sin que haya encontrado hasta ahora, según me aseguró, documento ninguno que hablase de esta obra. Con estas noticias coinciden las que da el padre Zaragoza,[45] el cual dice, «existen vestigios de ocho calles subterráneas descubiertas en varios tiempos, unas cavadas en la tierra, otras formadas de piedra y cal, algunas con arcos y bóvedas, y una sostenida de columnas parecidas a las que se ven en la iglesia subterránea de Santa Engracia, de cuyas calles hay tres que paran en el cementerio, y otras tres cuyas minas terminaban en la capilla del Pilar», lo que también supone de las otras cuya dirección no pudo averiguarse. El padre Zaragoza atribuye estos subterráneos a los cristianos de los primeros siglos, y cree que los construyeron para asistir a los templos sin incurrir en las penas que se fulminaban por los emperadores; pero no hay ningún inconveniente tampoco

---

45   Teatro histórico de las iglesias de Aragón, t. 2.º, pág. 69.

para suponer, que de ellos pudieron aprovecharse los moros y mejorarlos para formar un camino cubierto que dirigiese a la mezquita.

A algunos parecerán quizás sueños estas indicaciones, pero no lo creerá así el que haya visto el subterráneo, que se encuentra en la casa número 91 del Coso frente a la parte posterior del Seminario Conciliar, cuya casa es propiedad de la familia de Asensio. Llevado de la curiosidad bajé también un día, y en una extensión de trece pasos regulares de longitud con diez de ancho conté diez columnas, que formaban como un templete rectangular. Cuatro hay a cada lado y una en cada uno de los centros de las cabeceras del cuadrilátero. Las seis columnas son redondas y las de los cuatro ángulos son cuadradas aparentando estar formadas del agrupamiento de cuatro. Su altura desde el suelo viene a ser de unos nueve palmos y medio. El capitel de las columnas es muy brusco y no tiene adorno ninguno, y sino fuese porque en la parte superior termina en cuadro, se podría considerar como un codo truncado. A las inmediaciones del templete hay unos claustrillos de poca anchura, que tienen en la parte superior arcos de ladrillo, que se cruzan y forman la misma montea que los de las Iglesias. Se advierte en un cuarto, que se halla a la derecha, la continuación de los arcos, y uno muy grande que está tapiado. También vi una columna casi destruida por la humedad. Al entrar en este subterráneo se nota a la izquierda una comunicación interceptada. Es imposible decir cuál sería el objeto de este edificio, pero atendido el remate de las columnas, no es aventurado atribuir esta obra a los moros según el estilo, que se observa en las que ejecutaron.

Capítulo VII. Del Castillo de la Aljafería después de la conquista de Zaragoza por don Alonso el Batallador: establecimiento de su capilla y dotación de sus capellanes

Otra época no menos memorable para este castillo principia desde la reconquista. Ocupada Huesca en 1096 por el ejército de don Pedro I, a consecuencia de la victoria que pocos días antes había obtenido en el Alcoraz, llanura poco distante de aquella plaza, en cuya sangrienta batalla rompió el ejército del rey moro de Zaragoza, a quien nuestros escritores llaman Almozaben, esta última ciudad se vio amenazada ya de su ruina, mayormente habiéndose establecido a cinco leguas de distancia la gran fortaleza del Castellar, que parece estaba construida el año 1098, desde la cual ponían cada día nuestros ricoshombres en perturbación a Zaragoza. Habiendo muerto don Pedro I en 28 de Setiembre de 1104, le sucedió su hermano don Alonso Sánchez, llamado el batallador, que estuvo casado con doña Urraca de Castilla, el cual puso el primer sitio a Zaragoza en 1107, cuyo sitio tuvo que levantar por la llegada del rey de Marruecos Jucef, que había tomado a Cuenca, y que apretaba a Toledo. Don Alonso le siguió hasta Andalucía por socorrer a su tío, y desde entonces ya principió a pensar seriamente en la conquista de Zaragoza; bien que el cerco no se puso con estrechez hasta principios de 1114. A los de 1118 se dio un asalto; pero lo que decidió de la conquista fue la célebre batalla de Cutanda en la que murió Abu-Bekir ben Alari, y perecieron 20.000 moros,[46] con cuyo motivo Zaragoza le abrió sus puertas en 18 de diciembre de 1118 según nuestros historiadores, o de 1115 como opina Blancas,[47] aunque los árabes pretenden que esta batalla fue posterior a la conquista de Zaragoza. No podemos resistir al deseo de

---

46 Conde, t. 2.º, pág. 209.

47 Acerca del día y año de la entrega de Zaragoza hay una diversidad muy notable, aun en documentos como observa Zurita en el primer libro de sus anales pág. 43 vuelta: pero Blancas en sus comentarios pág. 135 refiere haber ido en 13 de abril de 1580 con varios jurados al archivo y que vio un privilegio concedido a esta capital por el rey don Alfonso luego que fue conquistada de los moros, el cual lleva la fecha del mes de enero de la era de 1153, que corresponde al año 1115: bien que advierte que entonces no se contaba la serie de los años desde el nacimiento de Cristo, sino desde la Encarnación, y de consiguiente el diciembre y el enero eran parte del año en que fue conquistada Zaragoza. Todavía lo

copiar de Conde lo que dice relación a la entrada en esta capital. «Cuando esto vio (dicen los manuscritos árabes) Aben-Radmir (así llamaban a don Alonso) despreció los conciertos que tenía con Amad-Dola, y le pidió que le dejase la ciudad de Zaragoza. El rey Amad-Dola se vio cogido en las redes que él mismo había ayudado a tender, y no sabia que partido tomar: y sin responder al rey Radmir cuidó de fortificar la ciudad cuanto le fue posible, y proveerla para el cerco que esperaba. No se descuidó Aben-Radmir en buscar gentes de los montes de Afranc,[48] y con infinita chusma que parecían hormigueros, o tropas de langosta, vinieron a cercar la ciudad de Zaragoza; y ordenaron sus combates y labraron torres de madera que conducían con bueyes, las acercaban a los muros y ponían sobre ellas truenos y otras veinte máquinas, y tenían esperanza cierta de tomarla, y así apretaron el cerco, y la pusieron en tanto estrecho que perecía de hambre la mayor parte de la gente, pues como la ciudad era muy poblada y de mucha gente, no bastaron las provisiones que se habían podido llevar antes del cerco: y así enviaron a tratar de avenencia con el rey Radmir, que ya no esperaban socorro sino del cielo. El rey Radmir les ofreció seguridad en las vidas y haciendas, y que fuesen libres en morar en aquella ciudad, o retirarse a otra parte: y con esto se entregó la ciudad, y muchos nobles muslimes pasaron a Valencia a Murcia: esto pasó el año quinientos doce: el rey Amad-Dola se retiró con toda su familia a la fortaleza de Rot-Alyehud. Pocos días después de entregada la ciudad de Zaragoza, llegaron 10.000 caballos que enviaba de África el rey Alí, y como entendiesen que ya la ciudad estaba en poder de los cristianos, se detuvieron antes de llegar.»

Luego que entró don Alonso en Zaragoza se alojó en el palacio de la Azuda,[49] junto a la puerta de Toledo, cuya construcción se atribuye a Aben-Aya o Aben-Aire, y de quien se supone tomó nombre la calle de Bonaire. A seguida cumplió este rey con los deberes de la religión, y entre otros varios

---

corrobora con otros argumentos que omitimos en obsequio de la brevedad. Briz en la historia de San Juan de la Peña, pág. 757 cap. 18 se decide a favor de esta opinión.

48 De Francia.

49 Briz en la historia citada, pág. 756 dice que no se aposentó en la Aljafería, porque este palacio se hallaba fuera de la ciudad, bien apartado del muro de piedra, y haberse quedado los moros en lugares tan vecinos que lo podían inquietar fácilmente si allí pusiera su residencia.

actos de munificencia piadosa, se cuenta la donación de la Aljafería a la Religión de san Bernardo,[50] a devoción de este Santo Patriarca que florecía entonces en santidad y letras, cuya donación dice Luis López que no se sabe si tuvo efecto, pero por los documentos de que haré mérito a seguida, se evidencia, que se atendieron los derechos del monasterio para que por uno de sus monjes se sirviese la capilla.[51]

En la obra manuscrita del maestro Espés[52] se dice que en la era de 1156 que corresponde al año 1118[53] el postrero de julio confirmó el obispo don Pedro Librana la donación que el rey don Alonso hizo de la Jafería a Berengario Abad Crasense[54] y sus monjes, y les dio licencia de edificar allí iglesia en honra de Dios, y de Santa María, y de San Martín y de San Nicolás, y de que pudiesen tener pila de bautizar, cementerio, y dar misa nupcial con los demás derechos parroquiales, y por valerme de las palabras del instrumento, omnem christianitatem, sicut parochialibus ecclesiis in episcopatu mos est. Concede asimismo a dicha iglesia las décimas y primicias de todas sus labores y heredamientos, y dice en el propio acto que lo hizo con consejo y voluntad de todos sus hermanos los clérigos de su iglesia, salvo la reverencia y obediencia episcopal, y nombra los clérigos que intervinieron en esta donación en el mismo acto de esta manera: Galindo Arcediano, Guillermo Sacristán, Pedro Cabeza de Escuela, Sancho canónigos: Arsino escribano, Martín Viejo capiscol, Guillermo Capellán, y Hugo con otros, y añade Espés, que ésta fue la primera donación que hizo este santo obispo.

---

50 Blancas, comentario pág. 131.
51 No debe causar extrañeza esta donación a un monasterio remoto, por que este mismo rey cuando conquistó a Egea de los caballeros, en obsequio de los que habían venido de Gascuña y Francia a servirle en esta guerra, dispuso que las iglesias que allí se edificasen, fuesen anejas al monasterio de la Selva de Gascuña. Además es de notar que también el obispo de Zaragoza don Pedro Librana era gascón, Zurita, anales, libro 1.º, pág. 40.
52 Folio 266 parte 1.ª
53 Si es cierta la fecha de la entrada en Zaragoza que pretende Blancas, esta donación será posterior a la conquista, y si no como se deja conocer sería anterior.
54 Briz en la citada historia pág. 756 opina como Blancas, que está mal escrita esta memoria y que ha de decir Cisterciense, porque entonces principiaba esta orden, que en España se llamaban Bernardos: pero quizás lo que debía leerse era Crasonense como lo comprueba el documento que cito más adelante de don Jaime II.

Para que se tenga una historia completa de estas donaciones me parece del caso decir, que el papa Urbano II a 16 de las calendas de mayo, año de la encarnación 1095, concedió al rey don Pedro, el conquistador de Huesca, y a sus sucesores las décimas y primicias de todas las tierras que ganaran de los moros. Este rey murió a 28 de Setiembre de 1104 y le sucedió su hermano don Alonso, porque un hijo que tenía aquel del mismo nombre falleció pocos días antes. Este rey conocido con el nombre de batallador donó al obispo de Zaragoza don Pedro Librana las décimas y primicias de todas las iglesias de su obispado, y el 4.º y derecho episcopal de todas las que estuviesen en los términos de su obispado[55] y finalmente todas las heredades de las mezquitas, cuya donación lleva la fecha de la era de 1156, equivalente al año de Cristo 1118.

El emperador don Alonso VII de Castilla, hijo de doña Urraca mujer de don Alonso el batallador en la era de 1172, año de 1134 (que es cabalmente en el que murió cerca de Fraga el rey de Aragón su padrastro) confirmó las donaciones que los señores reyes don Alonso y don Ramiro hicieron a la Iglesia de Zaragoza.

En este mismo instrumento se habla de la Aljafería y de sus alrededores y haciendo el expresado don Alonso VII referencia al privilegio de don Ramiro dice: a esto añadió aquella casa con sus molinos que están hacia la puerta de Toledo, en la misma forma que los tuvo el rey don Alonso su hermano, esto es, con la obligación de que los sarracenos reparasen y limpiasen aquella acequia, como acostumbraban a hacerlo en tiempo del mencionado rey Alonso, y la pesquería que está junto a la acequia que corre delante de la Aljafería, y aquel fuerte que se llama Mezalbar (ahora Monzalbarba,) siendo esto lo que don Ramiro con todos sus derechos confirmó a la expresada iglesia.

A primera vista parece extraño que un rey de Castilla haga una confirmación, pero el que esté instruido en la historia recordará, que habiendo instituido el rey don Alonso el batallador herederos a los templarios, y a las milicias del Sepulcro y del Hospital,[56] los aragoneses desestimando tan extraña disposición, eligieron por rey a don Ramiro el Monje, con cuyo motivo

---

55   Arruego Cátedra Episcopal de Zaragoza, cap. 1.º, pág. 5.
56   Abarca Anales t. 1.º, pág. 181.

aprovechándose el rey de Castilla, llamado también don Alonso, de la guerra que se había encendido entre el rey don Ramiro y don García, que lo era de Navarra, entró en Aragón, y se apoderó de Zaragoza y su comarca, tomando entonces el título de emperador, y reteniendo estas conquistas, hasta que habiendo casado la hija de don Ramiro doña Petronila con don Ramón Berenguer conde de Barcelona, fue este a visitar al emperador don Alonso y obtuvo que le restituyese la ciudad de Zaragoza con todas sus dependencias hasta el oriente del Ebro, no sin otra recomendación que su franqueza y la nobleza de sus modales, como dicen algunos escritores, sino mediante condiciones contra las cuales protestó solemnemente doña Petronila en su testamento.

Tenemos, pues, que ya en el junio de 1118, había en el castillo de la Aljafería una capilla, o por mejor decir un templo con una parroquia dedicada a San Martín, en la cual se podían conferir todos los sacramentos, y que tenía derecho a percibir las diezmas y primicias de las tierras correspondientes al castillo, que sin duda eran las huertas que pertenecían a los reyes moros, y que pasaron después al patrimonio de los monarcas aragoneses.[57]

En tiempo de Jaime II todavía parece que los monjes del monasterio de Crason, diócesis de Carcasona, conservaban derecho a la capellanía del castillo, pues según un despacho dado en Valencia en las nonas de agosto de 1308[58] manifiesta este monarca, que sus progenitores de feliz memoria,

---

57   Las tierras que se conservan actualmente se apellidan huerta del rey, y se hallan divididas en dos mitades, la una regante del Canal imperial en la partida de Romareda, y la otra de la acequia de Almozára (en idioma árabe significa tierra de pan) partida del Charamelero, ambas confrontantes con campos de don Joaquín Sánchez del Cacho, de Jacinto Corralé, y acequia de Almozára que la atraviesa, y con el foso del Castillo de la Aljafería y camino público, siendo la porción regante de Almozára de cabida de 9 cahices seis cuartales; el cahiz en este término de 16 cuartales; la porción de la Romareda regante del Canal es de cinco cahices nueve cuartales, y el cahiz de 20 cuartales: las dos porciones forman el total de 14 cahices 15 cuartales. El arriendo que se pagaba era el de 3.000 rs. vln. Recientemente se han arrendado por 20 años contaderos desde 1.º de noviembre de 1845 y precio de 3.000 anuales a favor de don Pedro Pablo de Navas, obligándose éste a plantar de su cuenta 3.000 árboles frutales y a reedificar las tapias, que circundaban la finca. He dado noticias tan circunstanciadas para que nada falte en este opúsculo de lo que dice relación a la Aljafería, y sea ésta una memoria lo más completa posible.

58   Nota 4.ª del apéndice.

habían establecido en su Aljafería de Zaragoza una capilla a honra del bien-aventurado san Martín confesor, que debía servirse por el abad o rector de Crason, diócesis de Carcasona, o por el que comisionase el mismo abad, por lo que mandó este monarca al merino y oficiales de Zaragoza, que tuviesen por prior a fray Jaime Berenguer, a quien Augerio abad había conferido el priorato de la Aljafería removiendo a fray Arnaldo Frunci.

Otro documento curioso relativo a la capilla de la Aljafería se halló tam-bién, que es del mismo rey don Jaime II dado en Zaragoza el 14 de las calendas de octubre del año 1300,[59] en el cual dice: que conviniendo que el que cuida la Aljafería sea presbítero y pueda celebrar misa todos los días, y cumplir los divinos oficios en la capilla del palacio de este nombre, recibien-do los doce dineros diarios y los 70 sueldos jaqueses anuales que recibe Domingo Juan, que entonces tenía encomendado el cuidado de la Aljafería por concesión de los Ilustrísimos señores Jaime su abuelo y Alfonso su her-mano reyes de Aragón, a súplica del mismo Domingo determinaba que éste recibiese durante su vida los 12 dineros diarios y los 70 sueldos anuales, y después de su muerte los percibiese su hijo Domingo que era presbítero y su hermano Pedro, los cuales debían estar encargados de la custodia de la Aljafería durante su vida, con obligación de decir misa todos los días, y celebrar los oficios divinos el primero, debiendo el padre alimentarle mien-tras percibiese aquellas cantidades: previniendo si sobreviviere Pedro, que debiese dar alimentos a un presbítero para que celebrase en la capilla, y que por muerte de todos volviera esta pensión al rey y a los suyos, mandando al Bailío[60] que la pagara de los rendimientos del almudí de sal de Zarago-za. Este documento presta materia para muchas reflexiones; aparece desde luego que 12 dineros diarios y 70 sueldos jaqueses anuales, suministraban lo suficiente para la manutención de tres personas en el año 1300, y que los clérigos que celebraban en la capilla del castillo no debían ser muy nume-

---

59 Nota 5.ª del apéndice.

60 Este es sin duda el Baile general que, como dicen nuestros escritores, era muy semejante al que llamaban Cuestor los romanos, al cual pertenecía la cobranza y conservación del patrimonio real.

rosos, cuando se excogitó por el rey don Pedro un medio económico para aumentarlos.[61]

En 1347 el señor don Pedro III[62] expidió un título de presentación de uno de los presbiterados de la Aljafería en favor de Francisco Fábrica,[63] presbítero de la diócesis de Barcelona, y en este documento hace relación, de que por la disposición testamentaria de su esposa doña María había mandado instituir seis capellanías o presbiterados, dos para la capilla del palacio de Barcelona, dos para la Aljafería de Zaragoza, y dos para la capilla real de Valencia, cuyo patronato correspondía al rey; y resulta por una nota al pie, que aquel mismo año se proveyeron tres de estos presbiterados.

En 1350[64] el mismo rey don Pedro III presentó para uno de los presbiterados de la Aljafería a Juan Pedro Dosca que no poseía otro beneficio, siendo de notar que hace mención de la piedad de sus antecesores, que habían instituido 4 presbiterados contribuyendo con 400 sueldos al que hacia de rector, y con 300 a los otros, con el objeto de que estos 4 sacerdotes celebrasen continuamente el santo sacrificio de la misa, y los demás oficios divinos en la expresada capilla, y asistiesen a las horas nocturnas y diurnas, de lo que se infiere que el culto se desempeñaba ya en la Aljafería con solemnidad.

Nadie pues podrá negar a la iglesia del Castillo el haber sido la 1.ª capilla real de los reyes aragoneses. Sin duda por esta consideración el señor rey don Juan I, según he oído, unió a esta rectoría una capellanía real y canonical

---

61 Nadie ignora el considerable valor que tenía antiguamente la moneda y la baja que sufrió con el descubrimiento de la América. Nuestro célebre literato don Ignacio de Aso en su historia de la Economía política de Aragón impresa en Zaragoza en 1798, puso a la pág. 467 los precios del trigo sacados de los libros de la Prepositura del Pilar, pertenecientes al siglo 14 del libro de gastos del convento Predicadores: y por él vemos que el cahiz de trigo estaba en 1308 a 6 sueldos, en 1325 a 15 sueldos, en 1330 a 10 sueldos 2 dineros, en 1333 a 15 sueldos: la arroba de aceite en 1307 a 2 sueldos 2 dineros, en 1308 a un sueldo 10 dineros, en 1329 a 6 sueldos y en 1332 a 3 sueldos 9 dineros. Un cordero costaba en 1307, 3 sueldos un dinero, en 1329 una libra de carnero 5 dineros. Al comparar estos precios con la asignación que hizo el señor don Jaime II se verá que el agraciado y su familia tenían con que vivir.

62 Es don Pedro IV de Aragón el Ceremonioso, a quien en Cataluña siempre se le titula III y debiera tenerse presente esta observación en el resto de la obra.

63 Nota 6.ª del apéndice.

64 Nota 7.ª del apéndice.

que fundó en el Pilar el rey don Jaime II en 1294 para poderse sustentar con más decoro el capellán del Castillo, cuya unión no se ha verificado.[65]

El señor don Felipe II en 15 de noviembre de 1597 mandó que de las rentas de la bailía general de Aragón se diesen cada año al rector 436 sueldos, y don Felipe IV en 6 de abril de 1664, ordenó a los inquisidores del tribunal de Zaragoza, contribuyesen con 50 escudos de la renta del horno, y en abril del mismo año que de la hacienda de su real palacio le diesen todo lo que hubiese menester para el culto divino. En la actualidad goza el rector de 300 rs. mensuales, que cobra por el habilitado del E. M. de la plaza. Sin asignación para jocalias y culto, abolido además el diezmo y la primicia, necesariamente debe reinar la miseria en un templo que podía haberse enriquecido con los despojos de los conventos.

Como es parroquia la Aljafería tiene libros parroquiales, y los que hoy existen principian por la partida de bautismo de José Pedro León Guiralt en 29 de junio de 1687: pero al primer folio de este libro hay una certificación de don Simón Cenon de Rojas, secretario de la inquisición en que dice haberlo entregado de orden del santo tribunal al rector don Francisco Ferrery Berges, y haberse quedado en el archivo del citado tribunal por justas causas el tomo anterior que comenzaba en el año 1587.

Para no omitir nada de lo que tenga relación con la Aljafería, haré mérito de una preciosidad que se pretende contuvo por algún tiempo su capilla. Briz Martínez[66] trae un documento que se dice otorgado a 26 de setiembre del año 1399, cuyo contenido se reduce a que el rey don Martín deseaba adquirir y tener en su capilla un cáliz de piedra, en que N. S. Jesucristo

---

65   Esta noticia la he tomado de los apuntes que se conservan en los libros de la parroquia del castillo: el que estampó aquella apuntación se refiere a un libro titulado Real capilla de Barcelona, la mayor y más principal de los Reinos de la corona de Aragón etc. su autor el M. R. padres F. Manuel Mariano Rivera del orden de la Merced: se imprimió año de 1698. Estaba en la biblioteca de san Ildefonso de esta ciudad: a pesar de mis continuas diligencias no he conseguido verlo. Posteriormente el señor Bofarull que posee esta obra, me remitió los documentos que pongo en la nota 8.ª del apéndice, y de los cuales resulta que el señor don Juan I unió a la rectoría cierta capellanía de la santa iglesia de Santa María la Mayor (el Pilar); y que para ella fue nombrado Jacinto Bielsa, el cual certificaba en 1696 que ejercía las funciones de párroco en la Aljafería.

66   Historia de san Juan de la Peña. Libro 10, pág. 215.

consagró la noche de la cena, y que san Lorenzo adquirió del santo pontífice Sixto, de quien era diácono y discípulo, y había venido a parar a san Juan de la Peña: que para hacer esta petición deputó al reverendo Antonio arzobispo de Atenas, y que reunidos los monjes en capítulo deliberaron entregarlo, de lo cual el dicho arzobispo, y Bernardo prior, hicieron relación al rey don Martín que estaba en su capilla menor de la Aljafería, y allí le entregó o presentó el prior este cáliz, y después de haberlo recibido en sus manos, el rey en agradecimiento dio al prior otro de oro de cinco marcos de peso de Zaragoza, cuyos esmaltes y figuras se particularizan en el mismo instrumento, con obligación de que los monjes no lo pudiesen vender ni empeñar. Esta escritura se halla testificada por Berenguer Sarta secretario del rey, y se expresa haber sido extraída del archivo de Barcelona. Este cáliz, según refiere Briz, estuvo en la capilla de la Aljafería hasta que el rey don Juan, que era gobernador de los reinos de Aragón por su hermano el rey don Alonso, que estaba en la conquista de Nápoles, lo dio en 18 de marzo de 1437 a la iglesia de Valencia. No entro en el examen del fondo o sustancia de los hechos que refiere este documento, y solo me limito a manifestar las creencias y lo que consta históricamente que se hizo según ellas.[67]

---

67   El doctor don Juan Francisco Andrés de Vztarroz en la defensa de la patria de san Lorenzo
       también refiere esta noticia pág. 165.

Capítulo VIII. De los huertos y aguas de la Aljafería

Que había un huerto destinado sin duda al recreo de la majestad, lo prueban dos documentos del rey don Martín, dado el uno en Valencia a 7 de marzo de 1403,[68] y el otro en Segorve a 14 de julio del mismo año, y autorizados por Nicolás de Campelles que entonces regentaba la cancillería. En el primero se hace mención del recurso que le había dirigido Ramón de Torrellis jurisperito de Zaragoza, exponiendo que don Pedro padre del don Martín, por documento fechado en Monzón a 12 de octubre de 1383, dio graciosa y perpetuamente a Gil de Sada, camarero de dicho rey y merino de la expresada ciudad, para sí y los suyos el agua sobrante, después de regado el huerto de la Aljafería, cuyo derecho vendió Gil a Torrellis; y como algunos pretendían regar en su perjuicio los huertos y posesiones que estaban debajo de la Aljafería, manda el rey don Martín que no se le ponga ningún impedimento, y encarga al merino y sus oficiales que le amparen vigorosamente. En el 2.º documento, dirigido también al merino y los oficiales de Zaragoza, habla el mismo rey don Martín del abuso que intentaba hacer del agua Ramón de Torrellis, el cual pretendía aprovecharse de ella después de regado el huerto menor, y no el mayor de la Aljafería; de lo que se seguía que se secasen los árboles y plantas de dichos huertos, particularmente en los meses de calor: y el rey don Martín dice, que así como no quiere causar perjuicios a sus súbditos, tampoco quiere que se le causen, y que su mente no fue de ningún modo el que se aprovechase Torrellis del agua, sino después de regados los dos huertos de la Aljafería, y en esta forma declara el sentido de los anteriores despachos.

Cual fuese la importancia de estos dos huertos y tierras, lo demuestra otra escritura otorgada en Zaragoza a 5 de agosto de la era de 1344,[69] que equivale al año 1306 por testimonio de Guillermo Porta, de la cual resulta que el tutor y curador legítimo de Peregrín, Teresa y Gracia pupilos, hijos de Peregrín Baldovin y de doña Gracia Martín Tarin su mujer, con la judicial

---

68   Nota 9.ª del apéndice.
69   Nota 10 del apéndice.

licencia y facultad que le concedió Guillermo de Cavaldós, Zalmedina[70] de Zaragoza, pasó a vender al excelentísimo Príncipe y señor don Jaime II rey de Aragón, perpetuamente la mitad de las aguas del río Huerba, que pertenecía a dichos pupilos por su padre, y que tenía el nombre de agua del señor rey, recibiéndola y cogiéndola continuamente en el azud de la acequia de la Romareda, término de Zaragoza, desde la hora de vísperas del sábado hasta la misma del domingo 1.º siguiente, por precio de mil y quinientos sueldos jaqueses, que confesó haber recibido de S. M. por mano de Esteban de Roda de su real casa y familia. En esta escritura se expresa, que los demás bienes que se habían tratado de vender, no encontraron comprador, y que de esta mitad de agua se ofrecieron 1500 sueldos ad opus Domini Regis, para la obra del señor rey, que sería indudablemente en la Aljafería, pues no consta que nuestros reyes diesen este título a otra.

Este mismo monarca don Jaime II en un despacho fechado a 7 de los idus de marzo del año 1311,[71] dice a Guillermo Palacín, que por otro ya le había mandado, que del agua que se toma a ciertas horas para la obra de la Aljafería, dé y complazca a la Priora y comunidad del monasterio de predicadores, para regar un huerto de dicho monasterio, mientras que no se necesitase para la Aljafería, y que como esta agua no puede atravesar, sino se construyen arcos o alguna obra en el foso, que hay entre el monte de la Aljafería y el muro de tierra de la ciudad, por cuyos arcos pueda pasar, manda, que se le permita al prior o procurador de ellas la obra necesaria en el foso sin perjuicio de nadie. Este documento hace ver la abundancia de aguas que tenía la Aljafería, y que todavía existían entonces el foso y muro de tierra de que se ha hablado anteriormente. La otra carta o despacho, a que se refiere en el privi-

---

70 Zalmedina es término arábigo, equivalente a juez ordinario de la ciudad. En las ordinaciones de Zaragoza impresas en esta ciudad en 1675 concedidas por el señor don Carlos II, se leen a la 52 las obligaciones del Zalmedina, que eran perseguir a los facinerosos y proveer a las demás cosas que conviniesen a la administración de justicia. Debía ser ciudadano insaculado en los oficios principales de ella; su oficio era anual, y tenía su asesor. Ahora se conserva este nombre en la cárcel de la capital, donde se apellida Zalmedina el preso que por sus circunstancias personales, o levedad de su causa, merece la confianza del alcaide, y le representa y vigila en cada prisión para que no se cometan excesos.

71 Nota 11 del apéndice.

legio citado, fue dado también en Valencia en las nonas de marzo de 1311, y en él hizo la concesión a las monjas a virtud de la súplica que le dirigieron.

Capítulo IX. Esmero de los reyes aragoneses en la conservación de la Aljafería. Relación de los documentos antiguos que hablan de su reparación y de la casa de fieras

Nuestros reyes cuidaron con el mayor esmero de la conservación de este palacio. Así es que hé visto una orden de don Jaime II fechada en Barcelona a 12 de las calendas de abril de 1292[72] dirigida a Gil Terini merino de Zaragoza, para que gastase lo necesario en la reparación de la Aljafería, como lo dispusiese el noble señor Mariano Ferdinandi. En 1301 el rey don Jaime II expidió título de maestro y director de las obras que se hiciesen en la Aljafería, a Mahomat Bellito, hijo de Jucef Bellito Sarraceno, que había desempeñado el mismo destino, siendo notables las palabras, habeas et percipias de ipsis operibus salarium competens pro tuo labore; para que obtengas y percibas de las mismas obras el salario correspondiente a tu trabajo: lo que parece da a entender, que no tenía provecho alguno sino cuando trabajaba.

El otro despacho fechado en Barcelona a 18 de agosto de 1408,[73] el rey don Martín destinó a la reparación de la Aljafería, que por su notable y antigua construcción sobresale, según expresa, entre todas las moradas o palacios de su dominio, el tributo llamado maravedí, que se cobraba de ciertos pueblos, y aljamas de judíos y sarracenos, mandando que se entregasen a Pardo La-casta, merino de Zaragoza bajo pena de la indignación real.

Pero el documento más curioso es el que recuerda la existencia de una casa de fieras en la Aljafería. Así se infiere de la orden que en 18 de setiembre del año del señor 1338[74] dio don Pedro III (era el Ceremonioso IV de Aragón) a su consejero y merino de Zaragoza Miguel Palacio, para que sin embargo de las muchas cargas que tenían las rentas del merinado, por las diversas asignaciones que se habían hecho sobre ellas, continúe las obras de la Aljafería, por ser su voluntad que a pesar de aquellas no se paralicen: y a seguida le manda que facilite la manutencional oso de Anteón y a las demás alimañas o fieras que se guardaban en la Aljafería. También previene

---

72   Nota 12 del apéndice.
73   Nota 13 del apéndice.
74   Nota 14 del apéndice.

que si el judío, a cuyo cargo estaba la custodia de los leones, conocía que los cachorros algo crecidos podían separarse de sus padres sin peligro, los enviase inmediatamente con el mismo judío a Valencia, suministrándole lo necesario para el viaje y alimento suyo y de los animales. Un documento tan raro patentiza el tono en que se encontraba este palacio en tiempo del rey don Pedro el Ceremonioso, y el cuidado que ponía este monarca aún en las cosas al parecer más insignificantes, cuando tenía distraída su atención en aquel año con los preparativos que disponía para resistir al numeroso ejército africano, que con cien galeras iba a invadir el reino de Valencia, y con las negociaciones de concordia con el rey de Castilla. Esto prueba que hasta los hombres grandes tienen sus caprichos y sus distracciones, que admiran a los que no conocen la flaqueza de la humanidad, y no consideran que hasta los héroes buscan el descanso en las cosas más indiferentes.

Capítulo X. Del nacimiento de Santa Isabel, su bautismo y sus cartas

Pero lo que más realza este palacio es el nacimiento, a cuatro de julio de mil doscientos setenta y uno, de la infanta de Aragón, y después reina de Portugal, Santa Isabel, que fue hija de don Pedro III de Aragón, llamado el Grande, y de la reina doña Constanza hija de Manfredo rey de las dos Sicilias. La Santa fue pues biznieta por la linea materna del emperador Federico II, y por la paterna nieta de don Jaime el Conquistador, hermana de don Alonso III el Liberal, de don Jaime II llamado el Justo, y de don Fadrique rey de Sicilia. Llamóse Isabel, según Dormer, por la reina de Hungría Santa Isabel, hermana de doña Violante su abuela, mujer de don Jaime el Conquistador. Además de asegurar varios escritores el nacimiento de la Santa en Zaragoza, y aun en el Castillo de la Aljafería, obra también la tradición de modo que, según dice Bartolomé Leonardo de Argensola,[75] para que se vean los sucesivos esfuerzos de ésta, es de notar que cuando solía acudir muchedumbre de gente para ver el palacio de la Aljafería, admirándose de las techumbres doradas de las salas, y aposentos reales, los alcaides o sus llaveros que le declaraban algunas particularidades, para la curiosidad de las que las notaban, llegados a uno muy señalado: «Este aposento (decían) se llama el tocador de la reina, y nació en él aquella gloriosa Infanta doña Isabel, que fue reina de Portugal. Cuan grande autoridad tengan las tradiciones y cuan respetadas sean de los hombres sabios, nadie lo ignora.»

Pero además de estas razones alegan otras algunos escritores regnícolas, que no dejan de ser fundadas. Don Pedro no era más que príncipe de Cataluña cuando trató y concluyó su casamiento san Raimundo de Peñafort, a disgusto del rey don Jaime su padre, y del Papa Urbano IV, que desamaba, como dice Argensola, al rey Manfredo, y le privó de sus reinos. Con este motivo y en demostración de su desagrado procuraba el padre separarse de su hijo: el 1.º vivía en Barcelona, y el segundo en Zaragoza, durante este aislamiento y separación hasta que nació Santa Isabel, que fue el lazo de la concordia, como que esta infanta se crió con su abuelo don Jaime el Conquistador. Véase pues como además de la tradición, tiene el nacimiento de la

---

75   Citado por Dormer en sus Discursos varios de historia pág. 111.

Santa en el castillo de la Aljafería, argumentos de probabilidad, fundados en hechos históricos que dan naturalmente esta consecuencia.

En mayo de 1272 se celebraron sus desposorios con el rey don Dionís de Portugal, y realizado en época competente este matrimonio, de él nació don Alonso, que sucedió a su padre en la corona de Portugal, y doña Constanza que casada con Fernando IV de Castilla, fue reina también. Las virtudes de Isabel brillaron más que la púrpura que vestía.

Esta reina virtuosa padeció extremadamente con las discordias suscitadas entre su esposo don Dionís y su hijo don Alonso, a consecuencia de la excesiva privanza que el 1.º concedía a don Alonso Sánchez su hijo bastardo. Santa Isabel reconcilió a padre e hijo, obligando a éste a que pidiese perdón al rey, cuya reconciliación es más meritoria, si se considera que ya habían venido a las manos, y se había derramado la sangre en algunas batallas. A consolarla en estos quebrantos se dirigió la embajada de don fray Sancho de parte de don Jaime II que dio materia a una de las cartas de que se hablará después. Sufrió también esta reina primero por la vida licenciosa de su esposo, y posteriormente por unos celos infundados nacidos de la calumnia de un paje, que por una especial disposición de la providencia, para la que nada hay casual, recibió la muerte que con sus embustes había preparado a su compañero. Viendo tan patente el dedo de Dios, el rey don Dionís tributó a Santa Isabel el homenaje que merece la inocencia.

Habiendo fallecido su marido en 7 de enero de 1325, tomó el sayal de Santa Clara, y en este traje asistió al funeral del rey. Murió el 4 de junio de 1336 en Estremoz, habiendo ido a visitar al rey su hijo, para solicitar su acomodamiento en las diferencias que tenía con el rey de Castilla y su venerable cadáver se llevó al monasterio de Coimbra que había fundado. El papa León X autorizó su rezo y fiesta en Coimbra el día de su entierro que fue el 13 de julio. Paulo IV extendió este indulto a todo el reino de Portugal a instancia de don Juan II, y a todo Aragón a instancia de Felipe III, y Urbano VIII la canonizó en 25 de mayo de 1625.[76] Trasladado el convento de Santa Clara al monte de Nuestra Señora de Esperanza, se trasladó también el cuerpo de la Santa. Las Cortes generales de Aragón decretaron a su memoria la erección, a expensas del reino, de un altar o capilla, habiéndose erigido por fin el tem-

---

76   Latasa Biblioteca antigua.

plo de Santa Isabel, que es el del convento de san Cayetano en Zaragoza. Las Cortes de Aragón llenas de una devoción santa aun pretendieron más, y fue que se suplicase a S. Santidad que este día fuese de fiesta colenda en todo el reino.[77]

Su testamento y sus cartas han sido objeto de las alabanzas de varios historiadores aragoneses, castellanos y portugueses. Jerónimo Zurita puso en el archivo de la Diputación, entre otros varios papeles, dos cartas de Santa Isabel dirigidas a su hermano el rey don Jaime II llamado el Justo, que tienen la fecha de los años 1303 y 1319, y siendo tal el aprecio que hacia de esta memoria el Reino, los diputados en 1676 trataron de colocarlas en relicarios; y no habiéndolas encontrado en el puesto en que las señalaba el índice o inventario, según la costumbre de aquellos tiempos, sacaron censuras que hicieron publicar en varias partes para obligar a restituirlas, y no habiendo parecido a pesar de estas diligencias, continuaron en buscarlas, y por fin, como dice Dormer pág. 101 en la obra citada, tuvieron la dicha de encontrarlas en 1681, y ordenaron que se guardasen en una rica cartera, y se publicasen por medio de la imprenta con varias notas que les puso el citado Dormer. Copiaremos al fin estas cartas[78] para que se vean los sanos consejos de esta reina, y los medios de que se valía para establecer la concordia en los estados de su hermano.

---

77 En las cortes que principiaron en 1677, y finaron en enero de 1678, se encuentra el fuero que trata de la fiesta de Santa Isabel, que dice así: Los motivos de especial protección en los santos, hacen más particular en los fieles la obligación de su culto, y concurriendo en la gloriosa Santa Isabel reina de Portugal, para la tutela de este Reino las singulares razones de haber nacido en él, y ser hija de sus Serenísimos reyes, para más lustroso esmalte de sus heroicas virtudes, y crédito glorioso de mismo Reino, empeña nuestro reconocimiento, y devoción a la mayor solemnidad de su fiesta: En cuya consideración S. Majestad, y en su Real nombre el excelentísimo don Pedro Antonio de Aragón, de voluntad de la corte y cuatro brazos de ella, estatuye y ordena: que el día de dicha gloriosa Santa, que se celebra a 4 del mes de julio, sea fiesta de corte; y que ninguno pueda trabajar ese día en todo el Reino. Y que en su nombre se suplique a S. Santidad, para que se digne mandarla establecer fiesta colenda, como queda ordenado de el día de nuestra Señora del Pilar: y para mayor demostración de la cordial devoción de este Reino a tan gloriosa Santa, establece y ordena que de las tres o cinco mil libras jaquesas, que según fuero pueden gastar en cada un año los diputados, le hagan edificar una capilla o altar.

78 Nota 15 del apéndice.

Según las tradiciones vulgares la reina de Portugal fue bautizada en el castillo, y algunos llevan su preocupación hasta el punto de señalar el lugar donde se hallaba la pila; pero consultados nuestros escritores no puede menos de calificarse de errónea esta tradición. El célebre Dormer en la disertación que escribió sobre el martirio de Santo Dominguito de Val seise o infante de coro en la metropolitana del Salvador, dice al hablar de las excelencias de la iglesia de la Seo, «que en ella recibió (estas son sus palabras) las lustrales aguas de la gracia en el año 1271 la serenísima infanta doña Isabel.» Mas probable parece por otra parte que el bautismo de la princesa se celebrase en la catedral, donde podría solemnizarse con mayor pompa, y esto lo tendremos por naturalísimo, si consideramos que nuestros reyes se coronaban en la Seo, y si aquel templo era el elegido para un acto tan solemne, también correspondía lo fuese para el bautismo, mucho más debiendo celebrarse en un mes de calor como el julio, en el que ningún peligro corría la infanta con la dilación.

La historia nos presenta como un signo de la majestad el bautismo de los hijos de los reyes en la Seo. Don Fernando el Católico nació en Sos a 10 de marzo de 1452 y no se bautizó hasta el año siguiente en la metropolitana del Salvador de Zaragoza, cuyo bautismo se celebró con tanta solemnidad como si fuera primogénito; suceso en el que, según dice Abarca,[79] tuvo la rabiosa melancolía del príncipe don Carlos, hijo también de don Juan II, fecunda y viva materia para hartarse de tristezas. Cuando el bautismo de los príncipes que nacían fuera de Zaragoza se retardaba para celebrarlo en la Seo, muy natural es creer que los que nacían en la capital no fuesen bautizados en otra parte.

En 4 de setiembre de 1498 don fray Francisco Jiménez de Cisneros (creado cardenal en 1507) bautizó en la Seo y capilla del arzobispo don Lope de Luna al príncipe don Miguel, hijo de don Manuel rey de Portugal y de la reina doña Isabel princesa de España y nieta de los reyes Católicos. Estos, que hasta tal punto habían engrandecido la Aljafería no la hubieran privado del honor de este bautismo, si en su pila hubiera sido bautizada Santa Isabel.

---

79   T. 2.º, cap. 28, pág. 225.

Esta es otra prueba de que la Santa fue bautizada en la Seo y quizás en la misma capilla en que lo fue después el infante don Miguel.[80]

Si se desea mayor convencimiento, se encontrará en las gestiones que hizo el reino para fabricar, la capilla de Santa Isabel en la iglesia de la Seo. En las actas del Ilustrísimo Cabildo resulta, que en el celebrado en 10 de diciembre de 1677 se dio cuenta de que don Manuel Secanilla diputado del Reino, había hablado al arcediano de Santa María que era el presidente, manifestándole los deseos que los diputados tenían de fabricar una capilla en el templo del Salvador bajo la invocación de Santa Isabel y llegándose ya al señalamiento depuesto, el cabildo designó la capilla de San Pedro, colateral al altar mayor, dando comisión para tratar del asunto a los señores Arcediano de Aliaga y Segovia. Estos comisionados no se descuidaron en agitar la materia, pues en el cabildo del 17 del mismo mes ya hicieron relación de que habían conferenciado con los diputados; que estos pretendían la capilla, donde está ahora la de San Benito, por su proximidad a la pila donde fue la Santa bautizada, y que la fiesta se había de hacer en la misma capilla; que los diputados habían de estar con sillas y almohadas, y el cabildo en el coro o en bancos, como estaba en los aniversarios del arzobispo don Fernando. Los comisionados hicieron desde luego presente a los diputados, que esto no era asequible, ni era decente que se hiciera la fiesta fuera del altar mayor; con cuyo motivo desengañados de la imposibilidad de que se admitiese esta propuesta, habían convenido en que la fiesta se celebrase en el altar mayor, si el cabildo les permitía sentarse en bancos teniendo almohadas de terciopelo carmesí, pero el cabildo se negó también a esta propuesta, fundado en que la Iglesia de la Seo era Capilla Real, y nadie sino los reyes podían usar en ella de almohadas de seda de aquel color.[81] De aquí proviene que el excelentísimo Ayuntamiento de Zaragoza lleva siempre almohadas de terciopelo negro a esta iglesia y la del Pilar, al paso que usa de las de carmesí en otros templos como lo he observado siendo síndico. Estas gestiones hacen ver la persuasión en que estaban los diputados del bautismo de Santa Isabel en

---

80 Zurita, t. 5, lib. 3, cap. 30 y otros.

81 Estas últimas noticias las debo al ilustrado señor don Benito Fernández Navarrete deán de esta metropolitana: quien, a pesar de sus continuas diligencias por complacerme, no ha podido encontrar un papel curiosísimo que contenía los fundamentos de la resolución del Cabildo.

el templo de la Seo. Creo que este punto ha recibido el correspondiente esclarecimiento.

Capítulo XI. Del establecimiento de la Inquisición en la Aljafería y de las formalidades de los autos de fe

No solamente es memorable la Aljafería por el nacimiento de Santa Isabel, sino también por haber estado primitivamente en aquel recinto la Inquisición, y por otros festines que o se verificaban en aquel palacio, o principiaban cuando menos en el mismo. En 29 de noviembre de 1485, según el padre Murillo, se nombraron para Aragón los oficiales necesarios; pues ya habían sido nombrados en el mayo del mismo año, inquisidores apostólicos fray Gaspar Inglar Dominico, y Pedro Arbués de Epila canónigo de Zaragoza, y se asentó el tribunal en unas casas que estaban entre la iglesia mayor (la Seo) y las del arzobispo. A media noche del jueves 15 de Setiembre del mismo año 1485 fue herido mortalmente el inquisidor Arbués. Sabida su muerte por los reyes Católicos, nombraron nuevos inquisidores, los cuales con provisión real y por orden den del inquisidor general asentaron el tribunal del Santo Oficio[82] en la Aljafería, y esto se hizo según Zurita[83] como en señal de perpetua salvaguarda real y fe pública, debajo de la cual el rey y sus sucesores debían amparar este ministerio que en aquella época se apellidaba santo.[84] En 1706 por orden del rey don Felipe V se trasladó a la plaza del Carmen[85] y casa de don Miguel Sardania: en 1708 al Coso a la casa de los condes de Sástago: en 1710 a la calle de Santa Cruz y casa de los Hospitales de Nuestra Señora de Gracia y de Misericordia, y últimamente en 18 de junio de 1759 a la calle de Predicadores y casa que fue de los duques de Villahermosa, en cuyo sitio se construyó un magnífico palacio que recientemente ha sido destinado a cárcel.

De la Aljafería salía toda la comitiva para los autos de fe, que se celebraban en Zaragoza con la mayor solemnidad. La víspera del día destinado se enarbolaba el estandarte de la fe sobre la puerta del Castillo, y permanecía hasta la tarde. Después de vísperas acudían allí todas las religiones a acompañar la procesión, en que se sacaba la cruz, que era muy grande y de color

---

82   Padres Murillo Excelencias de Zaragoza pág. 182.
83   Zurita, lib. 20 cap. 65.
84   Murillo, pág. 186.
85   Teatro histórico de las Iglesias de Aragón por el padre Lamberto de Zaragoza t. 2.º pág. 290.

verde, y se colocaba de antemano con la mayor decencia en la iglesia de san Martín. Cada religión entraba y postrada delante de la cruz, cantaba devotamente una antífona a la misma, y separada a un lado aguardaba la llegada de las demás, del capítulo de san Pablo y de la música de la Seo. Las religiones salían por orden de antigüedad; entre la de Santo Domingo iban los familiares, y en medio conducían el estandarte de la cofradía de san Pedro Mártir que era de ministros de la Inquisición, y lo llevaba un ministro del Santo Oficio siguiendo los comisarios, el fiscal, el alguacil, secretario y demás ministros de la Inquisición, con las cruces que les servían de insignia en el pecho. Iba la procesión al Mercado: el que llevaba la cruz subía al tablado donde habían de estar los penitentes, y la dejaba sobre el altar, quedando por la noche bajo la custodia de los religiosos de la Santísima Trinidad.

El día del auto se reunían en la Inquisición, y subían al aposento del inquisidor más antiguo para hacer el acompañamiento el regente la Real Chancilleria, con los oidores de la Audiencia civil y criminal acompañados de sus ministros: el justicia de Aragón con sus lugartenientes, ministros y oficiales: dos dignidades, dos canónigos de la metropolitana, y en nombre de N. Señora del Pilar el prior y dos canónigos: el vicario general del arzobispado y por los obispos del distrito un consultor canónigo de la Seo. Después llegaban el Zalmedina y jurados, que representaban la ciudad con sus maceros delante, acompañándoles también muchos ciudadanos. En llegando los jurados al 2.º patio, y antes que se apeasen, bajaban los inquisidores acompañados de personas de calidad, y subiendo en sus mulas y los demás en sus caballos, se ordenaba el acompañamiento, yendo delante de dos en dos los que habían ido acompañando la ciudad, las Audiencias reales y la Corte del justicia de Aragón, y después de estos el prior y canónigos del Pilar, los prebendados de la Seo, los lugartenientes del justicia de Aragón, y luego los maceros de la ciudad, los del Zalmedina y los del justicia de Aragón; a seguida iba el estandarte de la fe que llevaba el fiscal del Santo Oficio, teniendo los cordones dos caballeros de título, o el castellan de Amposta y Bailío de Caspe.

Después seguía el inquisidor mayor acompañado del justicia de Aragón, que iba a la mano derecha con el jurado en cap a la izquierda: luego el 2.º inquisidor y el Zalmedina al lado derecho y el 2.º jurado a la izquierda, el vicario general iba con el jurado 4.º a la derecha, y el oidor más antiguo a la izquierda: el que representaba a los obispos llevaba al jurado 5.º a la derecha y el otro oidor de la Audiencia a la izquierda: continuaban de dos en dos los oidores de las Audiencias y terminaba el acompañamiento con seis familiares del Santo Oficio con varias levantadas. Esta comitiva compuesta de más de 500 personas se dirigía al mercado donde se celebraba el auto de fe. Cuando después de la expulsión de los moriscos fue menor el número de los penitentes, se celebraron en el 2.º patio de la Aljafería haciéndose por los inquisidores el recibimiento del regente, oidores, justicia de Aragón y jurados en la sala baja que llamaban de los mármoles. Al recordar estas antigüedades ¿quién no se admirará de la diferencia de los tiempos? ¿Quién no traerá a la memoria estas escenas, al ver salir los brillantes regimientos de la guarnición del castillo de la Aljafería, de donde salían antes los penitentes, los religiosos de varias órdenes, y los ministros de la inquisición; instituciones que ya han desaparecido, y que pertenecen a la historia? Situaciones tan diferentes; destinos tan encontrados de un mismo edificio prestan materia al hombre reflexivo para filosofar sobre la variedad tan pasmosa de las épocas, y para lanzarse en un vasto océano de profundas meditaciones.

Capítulo XII. Fiestas que se celebraron en la Aljafería con motivo de las coronaciones de diversos reyes

Siendo el alcázar de la Aljafería la morada de nuestros reyes, y el lugar donde más ostentaban su magnificencia y su poder, era consiguiente que su nombre sonara en la mayor parte de las fiestas, y que en él ocurriesen sucesos que ha debido recoger la historia.

No puede menos de sorprender al que lea la de nuestro país la rapidez con que se engrandecieron nuestros monarcas, y la importancia que adquirieron a los pocos años de conquistada Zaragoza de los Sarracenos. Aun no había transcurrido un siglo desde este hecho glorioso, y ya vemos a don Pedro II el Católico coronarse y ungirse con magnífico aparato en 3 de noviembre de 1204 en Roma, a donde pasó desde la Provenza con cinco galeras y buena armada de navíos, llevando consigo mucha gente principal de aragoneses, catalanes y provenzales. El Pontífice Inocencio III otorgó a este monarca privilegio, para que cada y cuando los reyes de Aragón quisiesen coronarse, lo pudiesen hacer en la ciudad de Zaragoza, por manos del metropolitano que entonces era el arzobispo de Tarragona, y la misma gracia se hizo extensiva a las reinas, por la razón de que el derecho civil dispone, que las mujeres se ilustren con los honores de los maridos. Desde entonces vemos introducida en Aragón la coronación y unción de los reyes, aunque no todos usaron esta ceremonia, como lo comprueba, que el señor don Jaime I hijo del anterior no se coronó, bien que en él principió otra costumbre, pues fue el primero a quien los aragoneses en forma de Reino juraron. Nuestros anales refieren entre los reyes ungidos y coronados a don Pedro III llamado el de los franceses, nieto de don Pedro el Católico, e hijo de don Jaime el Conquistador: a don Alonso III llamado el Franco: a don Jaime II el Justo, a don Alonso IV el Benigno, a don Pedro IV el Ceremonioso, a don Juan I el Amador de la gentileza, a don Martín y a don Fernando I el Honesto: y las reinas que gozaron el honor de la coronación, fueron doña Constanza, doña Sibila, doña María de Luna y doña Leonor, esposa la primera del rey don Pedro el de los franceses, la 2.ª de don Pedro el Ceremonioso en cuartas y últimas nupcias, la 3.ª de don Martín, y la última de don Fernando el Honesto.

Todas estas coronaciones se solemnizaban con una pompa tan majestuosa que parece increíble, atendidos los débiles principios de la monarquía aragonesa; y como en todas ellas la Aljafería, siendo mansión real, brillaba con un lujo que aun ahora excita la admiración, no parecerá fuera de propósito que hagamos un resumen de estos festejos y ceremonias. Don Pedro III se coronó y ungió en la iglesia mayor (la de la Seo) de Zaragoza a 16 de noviembre de 1276, y también su esposa doña Constanza hija del rey Manfredo de Sicilia en el mismo día: pero para que recibiendo la corona de mano del arzobispo no pareciese que tácitamente aprobaba el reconocimiento hecho por su abuelo, cuando hizo tributario el reino a la Sede Apostólica, la víspera de su coronación formalizó una protesta ante varias personas principales, diciendo que no entendía recibir la corona de mano del arzobispo en nombre de la iglesia romana, ni por ella ni contra ella; protesta, que repitieron don Alonso III y don Jaime II: pero don Alonso IV ya tomó del altar por sí mismo la corona, y don Pedro IV el Ceremonioso refiere que, al ir a comenzar el oficio el día de su coronación, se le llegó el arzobispo ya revestido y le suplicó le diese lugar a que él delante de todo el pueblo le pusiese en la cabeza la corona: que don Ot de Moncada respondió por él diciendo, que en ninguna manera se debía hacer aquello, por que era gran perjuicio del rey, y que a éste le cuadró esta respuesta; pero que comunicándolo después con su consejo y prohombres de Zaragoza, viendo que todos eran de contrario parecer, no sabiendo que decir, se resolvió a contestar que él mismo se quería poner la corona; oído lo cual el arzobispo mostró pesarle, y como el oficio iba pasando adelante, dice, que insistió en que a lo menos diese lugar, que cuando estuviesen delante del altar mayor en presencia de todo el pueblo, se la adobase (compusiese). Don Pedro cuenta también que se vio confusísimo en su corta edad de 15 años, y que por fin se determinó a decir al arzobispo que la aderezase, pero apenas tomó la corona le advirtió que no se la aderezase, pues él se la arreglaría.

La coronación era una festividad que atraía un numeroso concurso, pues con este motivo se celebraban cortes. Principiaba con un lucidísimo acompañamiento que salía de la Aljafería, dirigiéndose a la iglesia de la Seo donde el rey velaba las armas, volviendo después con la propia solemnidad al mismo alcázar.

De la coronación de don Pedro III no tenemos una relación circunstan-
ciada, aunque varios historiadores dicen, que fue una de las mayores que se
habían celebrado en aquellos tiempos; tampoco hablan minuciosamente los
cronistas de la de don Jaime II y don Alonso III llamado el Franco, quien por
ausencia del arzobispo de Tarragona y hallarse vacante la silla de Zaragoza,
fue coronado por el obispo de Huesca; pero de la de don Alonso IV hijo
del anterior, y llamado generalmente el Benigno, tenemos particularísimas
noticias, y podemos decir que entonces el castillo de la Aljafería, rebosó en
majestad y vio en su recinto la más brillante concurrencia. Este príncipe quiso que su advenimiento al trono, se solemnizase con más aparato y pompa,
que antes se hubiese hecho. Desde Monblanc escribió a los estados de
Aragón convocándolos a cortes generales para la pascua de resurrección
del año 1329. Según nos refiere Zurita[86] concurrieron todos los prelados y
ricoshombres, y los embajadores de los reyes de Castilla, Navarra, Bohemia,
Granada y Tremecen, y hubo también varios señores extranjeros en tan gran
número, que se juzgó había más de 30.000 de acaballo. Zurita nombra los
principales personajes que concurrieron, y entre los aragoneses menciona
a don Lope de Luna hijo y heredero de don Artal de Luna, que tuvo en esta
fiesta gran caballería y estuvo, ricamente apuesto, y también nombra a don
Pedro Fernández de Bergua, uno de los ascendientes de don Martín de
Lanuza comprendido en la proscripción de 1591.[87]

Los seis síndicos de Valencia, según escribe uno de ellos llamado Montaner, trajeron cincuenta de acaballo consigo y trompetas, atabales y menestriles. El rey entró el 1.º en Zaragoza en la semana de ramos, acompañado

---

86 Zurita, t. 2.º lib. 7 pág. 83. v.ª

87 Recientísimamente he ganado en esta Audiencia un pleito defendiendo a Madama Cata-
    lina Sofía Mairac Fautous Pérez del Fago, Baronesa de Beon y Santa Agnet, que fundada
    en que los bienes que se habían confiscado a don Martín Lanuza habían sido vinculados
    por este don Pedro Fernández de Bergua y otro nieto suyo del mismo nombre, los reclamó
    contra la amortización, que los poseía desde la extinción del convento de Agustinos de
    Loreto inmediato a Huesca, a quien los donara el señor don Felipe II. Había pendiente
    desde principios del siglo 17 un proceso de aprehensión, en que intervino uno de los
    ascendientes de doña Sofía. Siempre es dulce la victoria para el abogado en pleitos que
    considera justísimos, pero mucho más cuando como en este caso, los magistrados dan
    una prueba de independencia al sentenciar contra el fisco, y restituyendo a una familia
    desgraciada el patrimonio de sus antepasados, la atraen a nuestro territorio.

de los oficiales de su casa y señores de su corte: llevaba luto por su padre don Jaime II, pero ordenó, que el sábado santo después de gloria se lo quitasen todos, se afeitasen las barbas, y se arreglasen muy de propósito para la fiesta. Cantada la aleluya comenzaron a salir las galas, y Montaner refiere que los seis síndicos de Valencia dieron principio, dirigiéndose desde su posada, que estaba inmediata a la Seo, a la Aljafería llevando delante de sí sus trompetas, atabales y dulzainas. Aquella misma mañana concurrieron los demás al alcázar donde comieron; y al toque de vísperas se encendieron los blandones, y en las paredes de las calles por donde el rey había de pasar desde la Aljafería, estaba escrito y señalado a cada uno su puesto. Montaner dice que solo de los de Valencia hubo 150 blandones de doce libras. Al toque de oraciones salió el rey de la Aljafería; delante de él iban a caballo todos los hijos de los que habían de ser armados caballeros aquel día, llevando sus espadas: detrás los que llevaban las espadas de los ricoshombres a quienes el rey debía armar: a seguida iba don Ramón Cornel con la espada del monarca, y delante de este dos carros triunfales del rey, en que estaban ardiendo dos cirios de a diez quintales cada uno.[88] Luego venía el rey a caballo vestido un arnés riquísimo y empos de él los ricoshombres que llevaban sus armas: después los ricoshombres que había de armar caballeros, los infantes y otros caballeros que habían de ser armados por los ricoshombres, y los que llevaban las armas de todos ellos. La comitiva iba de dos en dos con caballos muy bien enjaezados: de trecho a trecho iban las músicas, y también iban muchos disfrazados en hábito de caballeros salvajes, gritando Aragón, Aragón por el rey don Alonso nuestro señor. El rey llegó a la Seo pasada la media noche; se cantaron los maitines con grande solemnidad, mientras que el pueblo se regocijaba por las calles. El día siguiente 1.º de pascua de Resurrección 3 de abril, celebró de pontifical don Pedro Lope de Luna, 1.er arzobispo de esta iglesia, que había sido erigida en metrópoli el año 1318 por Juan 22. El rey puso la corona sobre el altar, se revistió el alba, se puso la estola y manípulo, y sobre todo la dalmática real. Principiada la misa y dicha la epístola, le calzó la espuela derecha su hermano el infante don Pedro, y la izquierda su otro hermano don Ramón: se llegó al altar el rey, tomó la espada, y postrándose en tierra se puso en oración pronunciando varias sobre

---

88   Blancas Coronaciones pág. 32.

él el arzobispo: besó el rey la cruz de la espada, se la ciñó, y sacándola de la vaina la blandió tres veces: la envainó a seguida, y cantado el evangelio se ofreció a sí y a su espada a Dios. El arzobispo le ungió entonces en la espalda y en el brazo derecho, y prosiguió la misa. Oyó el rey después la del infante don Juan su hermano, que era arzobispo de Toledo, y apenas la hubo comenzado tomó el rey del altar la corona, y se la puso en la cabeza por sí mismo, habiéndosela aderezado el arzobispo de Toledo y sus dos otros hermanos los infantes don Pedro y don Ramón. A seguida los obispos, abades, y demás eclesiásticos cantaron el Tedeum, y entretanto el rey tomó el cetro y después el pomo. Acabada la misa se colocó en un sitial delante del altar mayor, y puesto el cetro y pomo sobre él, hizo venir ante si los ricoshombres que había de armar caballeros de uno en uno, y siendo cada uno de ellos armado, se retiraba a la capilla que tenía señalada, y armaba sus caballeros noveles,[89] y aquellos hacían otro tanto y a proporción iban saliendo de la Seo y se dirigían a la Aljafería. Siendo todo esto cumplido salió también el rey con su corona, cetro y pomo, y montando sobre un caballo ricamente enjaezado partió para su alcázar, y ya no iba a caballo delante de él sino don Ramón Cornel que llevaba la espada, y detrás seguían los que traían sus armas. Llevaban las riendas del caballo del rey los infantes don Pedro y don Ramón Berenguer, y los ramales de otras riendas más largas (de 50 palmos) la traían ricoshombres, los síndicos de Zaragoza, y otras ciudades principales, y algunos caballeros. Refiérese que el cetro era de oro, de tres palmos de largo, y la corona de un palmo de alta, de manera que el rey se vio precisado a mudarla apenas llegó a la Aljafería, por otra de medio palmo de altura, y que sin embargo estaba valuada en 25.000 escudos.

El rey después de un rato de descanso salió a la gran sala con sus insignias reales, y principió la comida, sentándose a la mesa del monarca los arzobispos de Toledo, Zaragoza, y Arborea, aunque a alguna distancia; en otra pero más baja los obispos, abades, y priores, y en otra los ricoshombres que el rey había armado caballeros: después los nobles, y a seguida los ciu-

---

89 Esta no era meramente una ceremonia; el que armaba a otro caballero debía darle un acostamiento con que se mantuviese, y por eso en esta coronación el juez de Arborea que asistió, no armó a nadie caballero, pero se le impuso la obligación de armar 20, 10 catalanes, y diez aragoneses luego que llegase a Cerdeña.

dadanos y síndicos de las ciudades. Grande debió ser aquella reunión, pues según dicen las historias, el rey se propuso armar 18 caballeros noveles, y otros los infantes don Pedro y don Ramón, y el vizconde don Ramón Folch, y los armados por el rey y por estos habían de armar a su vez otros, de modo que al todo eran más de 250 caballeros noveles sin contar los ricos hombres.

El infante don Pedro hizo de mayordomo, y por su orden el infante don Ramón sirvió al rey la toalla y después la copa, disponiendo que doce ricoshombres sirviesen con él la mesa. El infante don Pedro yendo asido de dos ricos hombres entraba danzando y cantando una canción[90] que había compuesto en obsequio del rey, y los que traían los manjares le respondían. Sentado el servicio y acabada la danza, se quitó el manto y la ropa que llamaban cota, que era de paño de oro con armiños y perlas, y se la dio a uno de los músicos que allí había que llamaban juglares, y en las diez veces que se sirvió la mesa hizo otro tanto.

Levantadas las mesas se arregló un tablado, donde colocado el rey con la corona cetro y pomo, y sentados a su derredor o en gradas más o menos inferiores los concurrentes, principió el juglar Romasset a cantar una villanesca, que el mismo infante don Pedro había compuesto, en la que declaraba el significado de las insignias reales, y después otra en alabanza del rey. Luego el juglar Novellet recitó más de 700 versos, compuestos también por el infante don Pedro, que contenían avisos y consejos útiles. Con estos entrete-

---

90 La circunstancia de haber compuesto esta canción y 700 versos más el infante don Pedro, nos presta oportunidad para recordar que el Aragón no solo fue cuna del valor sino también de las ciencias, y sobre todo de la poesía titulada en aquellos tiempos, ciencia gaya. La lengua provenzal, llamada lemosina, se apellidó al principio catalana, según demuestra el abate Andrés en su obra del Origen y progresión de la literatura, t. 2.º cap. 11, pág. 64, y esta lengua llamada posteriormente de Os, era lengua de catalanes y aragoneses. Luis Viardot en su historia de los árabes y moros nos hace justicia, y al paso que vindica este título de gloria para los aragoneses y catalanes, demuestra que de los árabes derivó el gusto de esta poesía a nuestros progenitores, y de ellos a los franceses. A las pruebas que aduce y que no copiamos por exceder de los límites de una nota, añadiremos que Solimán Ben Mahran, célebre literato y poeta, fue natural de Zaragoza a fines del siglo X: que a mediados del XI floreció Ben Ismael Sabra natural de Daroca, pudiendo ver el catálogo de otros sabios y poetas de aquella época, el que guste examinar la biblioteca antigua de Aragón escrita por el racionero Latasa, y la biblioteca arábico aragonesa de don Ignacio de Aso.

nimientos era muy avanzada la noche cuando el rey se entró a su aposento, y los demás concurrentes se fueron a sus posadas. El día siguiente lunes el rey tuvo también convite, y el martes, miércoles y jueves los infantes convidaron a S. M. y toda la corte en sus posadas. Todos estos días fueron de regocijo y de fiesta, y durante ellos muchos bordonadores tiraron a tablado, que era un juego de lanzas arrojadizas; más de cien caballeros del reino de Valencia y Murcia jugaban a la gineta, y a un lado de la Aljafería se formó un campo cerrado con tapias para toros, a donde cada parroquia envió el suyo divisado con las armas reales. Hubo música y asistió un innumerable concurso, siendo de notar que esta función no se celebraba como ahora, sino que los toros eran alanceados por los monteros a manera de una montería o caza.

Coronación de don Pedro IV

También resonó la Aljafería con las aclamaciones de la de don Pedro IV el Ceremonioso hijo de don Alonso IV, la cual se celebró la Dominica in albis del año 1336, habiendo sido ungido este rey por el arzobispo de Zaragoza don Pedro Luna, asistiéndole los obispos de Huesca, Lérida y Santa Justa del Reino de Cerdeña, y el Abad de Montearagon. Siendo este rey el que escribió el ordenamiento de lo que debía ejecutarse en las coronaciones de los reyes, no es de presumir omitiese ninguna solemnidad. No nos detendremos en ellas, toda vez que ya hemos hecho mención del incidente ocurrido con el arzobispo, y solo llamaremos la atención sobre un hecho, y es que según el mismo escribe, fue certificado del escribano de raciones y de otros oficiales, que el primer día solo habían comido en la Aljafería, pasadas de diez mil personas, argumento, como dicen nuestros escritores, de su abundancia, liberalidad y magnificencia.

Coronación de don Martín

La de don Juan I se hizo sin aparato y sin pompa en 1388: pero en cambio su hermano don Martín en 1399 quiso celebrar la suya con esplendor, siendo tal su empeño, que envió por la espada de Constantino que suponía estar en Palermo, reuniendo además grandes joyas y preseas. En el Capítulo 5.º ya hemos referido el adorno de los patios de la Aljafería. De ésta, salió con dirección a la Seo con el acompañamiento acostumbrado precedido del estandarte real y del de san Jorge; se computan en 10.000 solo las hachas que ardieron en aquel viaje, que duró hasta las dos de la noche, a cuya hora entró en la iglesia. La ceremonia no ofrece nada de particular, para que repitamos una relación semejante a la que se ha hecho, y solo además de haberse armado muchos caballeros como en todas, recibió la investidura de duque de Gandía don Alonso de Aragón, marqués de Villena, poniéndole el rey en las manos la bandera, en la cabeza el birretillo con el chapeo, dándole el beso de paz. Entre las cosas particulares de esta fiesta se refiere, que a su regreso en la calle de Predicadores, la Aljama de los judíos le aguardaba con un riquísimo tabernáculo, en el cual había tres graciosas torres, diversos sacerdotes y músicas, y que por hacerles merced el rey, se detuvo un rato. Después de haber descansado en su aposento en la Aljafería, salió vestido de brocado verde, con ropa rozagante, forrada de armiños. Las mesas, como se ha dicho en el Capítulo 5.º, se pusieron en el patio, y en su servicio se emplearon invenciones que no deben pasarse en olvido. Hacia la parte de la sala de los mármoles,[91] en la techumbre se había hecho una invención de grande espectáculo a manera de cielo estrellado, que tenía diversas gradas, y en ellas había diversos bultos de Santos con palmas en las manos, y en lo alto estaba pintado Dios Padre en medio de gran muchedumbre de serafines, y oíanse voces muy buenas, que con diversos instrumentos de música, entonaban muchos villancicos y canciones en honra y alabanza de aquella fiesta. De este cielo bajaba un bulto grande a manera de nube, que venía a caer encima del aparador del rey. Dentro de esta nube bajó uno vestido de ángel cantando maravillosamente, y subiendo y bajando diversas veces, dejábase caer por todas partes muchas letrillas y coplas escritas, unas en papel colorado, otras en amarillo, y otras en papel azul, con tintas diferentes, todas al propósito de la solemnidad y fiesta que allí se hacía. Hecho esto, vuelto a subir el ángel a la nube, de allí a poco bajó otra vez con unas fuentes doradas, muy lindas, para dar agua manos al rey, entregándolas a otros dos que estaban vestidos también de ángeles a los lados del aparador, los cuales las tomaron, y luego las dieron a los caballeros que habían de servir el aguamanos al rey. Servida la tohalla, que así llamaban, al servir estas fuentes, y

---

91   Blancas pág. 75.

ascendiendo este ángel a su nube, de allí a poco volvió a bajar un plato de la fruta que había de comer el rey, y sirvióse de la misma manera. Últimamente bajó el mismo ángel la copa en que había de beber el rey.

El duque de Gandía desempeñó el oficio de mayordomo en el convite, y guiaba los servicios. A uno de ellos precedió gran número de trompetas, y detrás venía una águila artificial grandísima, toda dorada, con igual acompañamiento de trompetas y atabales, y una culebra extraordinaria arrojando llamas por la boca, y a su derredor multitud de hombres armados que aparentaban quererla matar: al otro servicio precedió una roca de la que salieron liebres, perdices y conejos, y como en la cúspide había una figura de leona parda, que tenía una grande abertura como de herida en la espalda, se aproximaron los que habían remedado dar muerte a la culebra, y se disponían a subir a la roca, cuando salieron una porción de salvajes que les impidieron la subida, y combatieron todos quedando vencidos los hombres de armas, y victoriosos los salvajes. Por la herida de la leona salió un niño muy hermoso vestido de armas reales, con una corona en la cabeza, y una espada desnuda en la mano derecha en señal de victoria. Aquella noche, y el día y noche siguiente del lunes hubo sarao y baile, siendo de notar que la tarde de este día subió el rey a su aposento, para ver una justa muy solemne que se hizo en la plaza de la Aljafería.

Coronación de don Fernando I

La de don Fernando I conocido en Aragón con el sobrenombre de Honesto, y en Castilla con el de infante de Antequera, y que fue elegido por san Vicente Ferrer, su hermano, y otros compromisarios de los Reinos en Caspe, se hizo si cabe con mayor solemnidad, y la Aljafería no brilló menos que en las anteriores. El rey vino a Zaragoza en 15 de enero de 1414. Alvar García de Santamaria nos hizo una descripción minuciosa, de la que solo tomaremos lo más importante. En el Capítulo 5.º ya hemos referido cómo estaba adornado el patio formando una sala, de cuyo cielo colgaban 16 candeleros con cuatro hachas cada uno. Nueve días antes de la coronación principiaron las fiestas, que realzó la concurrencia de muchos personajes de Castilla y de Navarra. «La ciudad de Zaragoza, dice este escritor, fizo poner dos tablas para justar, una en la plaza, a la puerta que dicen de Toledo, e otra a la Aljafería, e el rey fizo poner otra de paño vermejo e amarillo, e ha de costumbre en tales coronaciones la ciudad de Zaragoza de poner sus mantenedores, e pusieron por tal a don Juan de Luna, e él se fue a la tabla de la Aljafería, e con él otros tres que eran cuatro justadores, e aí justaron estos con otros caballeros de los que habían venido a fiesta, e otros con otros, en manera que todos los días que fueron de fiestas, los más de ellos justaron muy bien a maravilla, e allí viérades quebrar varas en muchas piezas e caballeros ser descompuestos de la misma silla, e otros caer de los caballos, que era gran solaz a los que miraban de lo ver.»

«Los oficiales de la ciudad cada uno con su oficio apartado venían con muchos juglares de cuerda, e trompetas, e órganos de manos danzando, e bailando, y otros tañendo, mostrando cada uno las mayores alegrías que podían, y así entraron en los palacios del dicho señor rey e facían su solaz; e después volvieron a la ciudad e así volvían a facer reverencia al rey todos los días que duró la dicha coronación. E otrosí los judíos vestidos como cristianos danzando, e bailando con cintas de plata ceñidos, e sus juglares delante de ellos, e así todos los días de la dicha fiesta venían a por las calles faciendo sus alegrías, fasta entrar en los palacios del dicho señor rey.»

«E el jueves que se contaron ocho días de febrero, estando justando delante de la Aljafería los señores Infantes, todos cinco fijos legítimos del dicho señor rey, e con ellos muchos caballeros, e escuderos castellanos, e catalanes, e aragoneses, e moros, que habían venido al dicho señor rey por embajadores de su rey moro de Granada, todos vestidos con alborzones, e capuces, e ajuvas moriscas, e espadas ginetas de plata, e sus adargas en las manos, e cañas en las otras, e muchas trompetas delante de ellos faciendo muy grande alborozo ante las puertas de la dicha Aljafería jugando unos con otros a las cañas, e tan grande fue el juego que ende ficieron, que pareciera pelea, e las gentes de Aragón como lo tenían por extraño, como estaban mirando la justa, que por esto no cesaba, no sabían a que parte mirar: en manera que muchos dejaban la justa por mirar el juego, e aí viérardes ir jinetes nuevos descalabrados, è otros cayendo de los justadores, e así ficieron su solaz aquel día, fasta que la oscuridad de la noche los partió unos de otros, e los fijos del rey vinieron al rey con grande alegría.»[92] Después el rey deseando dar muestras de su largueza, abrió las arcas de su cámara y regaló a los que concurrieron a su fiesta, y hasta a los criados de la reina; alhajas, ropas o dinero.

El jueves, viernes y sábado anteriores a su coronación se encerró en su cámara don Fernando, y no se dejó ver sino de sus donceles ayunando el viernes; y el sábado después de mediodía se reunieron todos los personajes que vinieron a la festividad. El rey entonces para emprender su expedición se desnudó de las ropas que llevaba, y se puso entre otros adornos una capa cumplida de color de carmesí forrada en armiños, salió a la sala de los mármoles donde le aguardaban los concurrentes, se sentó en su silla en el palacio de las Jarras, y en medio del sonido de los instrumentos armó a varios caballeros, y cerca de las cuatro montó sobre un caballo blanco, y sus hijos don Alonso y don Juan iban vestidos también de damasco blanco. Al salir de la Aljafería algunos que estaban armados para el torneo en un barbecho, principiaron a luchar quebrándose las lanzas y dándose tales golpes, que el rey les mandó despartir. La comitiva iba por el orden que en las anteriores coronaciones, llevando desplegadas las banderas de Aragón y de Sicilia. A la entrada de la ciudad había un castillo en el que se veían cinco torres, y en cada una de ellas un cirio: juntos pesaban 120 arrobas, y ardieron toda la noche en la iglesia y hasta la misa de su coronación. Desde la puerta del Portillo hasta la iglesia, la ciudad hizo poner 4000 cirios en dos hileras, y delante del rey iban cien hachas encendidas. En el tablado que se levantó en la iglesia de la Seo había más lujo que en las anteriores coronaciones: la imagen del rey de oro aumentaba el aparato. Apenas llegó el rey hizo colación de confites y vino con los infantes, prelados y grandes señores. Pasma la riqueza de las vestiduras con que se adornó: la corona elaborada en Barcelona pesaba 16 marcos 3 onzas de oro, y en ella había un rubí, 110 balajes de todos tamaños, sesenta y seis zafies, y 499 granos de aljófar claros, blancos y gruesos como avellanas. Durante el canto del Te Deum adornó con las

---

92 El que desee ver las reglas que se observaban en estos combates, puede leer las ordenanzas de la cofradía se san Jorge, en las que se encuentran las leyes de las justas, las del torneo a caballo y a pie, que están copiadas en la pág. 181 y siguientes de t. 1.º de la obra ya citada de los Condes de Barcelona vindicados, escrita por el señor Bofarull, obra que conteniendo noticias tan curiosas, es de extrañar no se halle más difundida.

insignias de príncipe de Gerona a su primogénito, y armó caballeros a varios personajes. Concluida la festividad, esperó en la capilla del arzobispo don Lope de Luna,[93] que se desnudasen los prelados que le fueron a buscar, y montando todos sobre sus caballos, se dirigió el rey con su acompañamiento a la Aljafería, encontrando en el camino invenciones graciosas, entre ellas un remedo muy a lo vivo de una ciudad sitiada y combatida por la artillería, que representaba la toma de Balangner por el mismo don Fernando. En esta coronación advertimos ya, que doce ciudadanos llevaban un palio sobre el rey, el cual llegó a las cuatro a la Aljafería. La comida fue suntuosa, y delante de cada servicio venía un juego ingenioso, refiriéndonos Alvar García tan solo el 1.º que consistía en un grifo dorado tan grande, según dice, como un rocín que traía una corona de oro al pescuezo, e iba todavía echando fuego y haciendo lugar entre las gentes. El lunes y martes continuaron las fiestas, siendo memorable la justa a que concurrió el 1.º de estos días el conde de Cortés hijo del rey de Navarra, con nueve caballeros armados; con sobrevistas y cimeras azules, y soles muy ricamente dorados, llevando todos una misma librea, y haciéndose admirar por su destreza.

La grandeza a que se había elevado la monarquía aragonesa con las gloriosas conquistas de Sicilia y Cerdeña, contribuyó a que esta coronación fuese más lucida que las que precedieron, y no influyó poco así mismo el haber reglamentado estas ceremonias el señor don Pedro IV[94] que por esto se llamó el Ceremonioso, el cual escribió puntualísimamente todo cuanto debía ejecutarse en las coronaciones de los reyes y de las reinas, descendiendo hasta los pormenores más insignificantes,[95] como que llega a marcar los adornos de cada sala, y como se había de servir la colación de vino y confites según puede verse en estas ordinaciones que traen el padre Murillo y Blancas.

En todas las ceremonias de la coronación se ve el entusiasmo por la caballería, por que había cundido como un axioma el principio que ya sentó

93 Esta es la que hoy se llama parroquieta.
94 El padre Murillo atribuye equivocadamente estas ordinaciones a don Pedro II, don Félix Latasa t. 2.º pág. 35 de la biblioteca antigua ya nota esta equivocación, y a mayor abundamiento me lo aseguró también el señor Bofarull, a quien me dirigí con este motivo para evitarla.
95 Estas ordinaciones las pone Blancas a la pág. 117.

el rey don Alonso el Sabio en una de sus leyes[96] en la que dice: e tanto encarecieron los antiguos la orden de caballería, que tuvieron que los emperadores e los reyes non deben ser consagrados ni coronados fasta que caballeros fuesen. Por eso don Fernando I el día de su coronación se dio un golpe en la mejilla, y todos nuestros monarcas en esta ceremonia blandían la espada. Podrán ridiculizarse estas prácticas, pero van acompañadas de heroísmo y de virtud,[97] y no hemos querido dejar de recordar estos rasgos de antigüedad gloriosa, que pueden servir para explicar las costumbres de aquellos tiempos, y el respeto de que se rodeaba a la majestad, poniéndola bajo el amparo de la religión.

Aun en épocas posteriores el Alcázar de la Aljafería se consideraba como Palacio Real, pues en el acuerdo o instrucción para la coronación del señor don Carlos II en 1667, que se encuentra en las ceremonias políticas de esta ciudad, recopiladas por don Lamberto Vidal secretario de la misma,[98] se nota, que cuando llegaba S. M. a Muel, salían los síndicos de Zaragoza y besaban su mano: que S. M. se apeaba en el palacio de la Aljafería, y recibía los puestos según su precedencia, y hecho esto S. M. entraba a caballo y andaba en medio del jurado en cap y el gobernador que iban cubiertos; el jurado en cap iba deteniendo el caballo para que el de S. M. llevase de distancia la

---

96 En la 11 del tít.º 21. Partida 2.ª

97 La caballería, esa institución singular, según dice Robertson, en la que el valor, la galantería y la religión se confundían y amalgamaban, tiene también un origen español. El legislador de las Partidas; consagró un título a la explicación de las obligaciones de los caballeros, lo que prueba el auge en que estaba esta institución en España. Viardot en la historia de los árabes pág. 266 sostiene, que pasó de los moros a los españoles, después a los franceses, y sucesivamente a los demás pueblos, y aunque confiesa que las órdenes Teutónica, del Temple (fundada esta a principios del siglo XII,) y de los hospitalarios o de San Juan, existían antes que las de Alcántara, Calatrava, Santiago y Evora, recuerda que en el momento de la caída de los Omniadas y cuando los cristianos amenazaban el imperio de la media Luna, algunos musulmanes celosos formaron una asociación religiosa militar para la defensa de las fronteras. Estos caballeros se llamaban rabis (rabiths). Viardot pág. 214. Conde habla de ellos en el reinado de Hischem III, último Califá Omniada. En comprobación de las costumbres caballerescas de los árabes cita Viardot el levantamiento del sitio de Toledo en 1139, sin más que haber enviado a decir Berenguela esposa de Alfonso VIII al Wali de Córdoba, que no era digno de un caballero valiente y generoso ir a hacer la guerra a una mujer.

98 Se halla impresa en Zaragoza en 1717.

cabeza. Luego que llegaba S. M. a la puerta del Portillo, entraba bajo el palio a caballo, y se apeaban los jurados, gobernador y Zalmedina. Todos iban con ropas de damasco carmesí, aforradas las mangas de las de los jurados y Zalmedina de tela de plata, y las de los ciudadanos, que llevaban las 12 varas del palio, de raso blanco. Los jurados segundo y restantes echaban unos cordones por encima del cuello del caballo de S. M. y los asian, excepto el jurado en cap que iba al estrivo derecho del rey, y el gobernador al izquierdo. En esta forma caminaba la comitiva a la Seo, y concluida la ceremonia volvía S. M. bajo el palio a palacio.

Cuando había jura de gobernador, se señalaba por este día para hacer su entrada y juramento, y el jurado que lo había visitado con este objeto lo comunicaba a la ciudad. Sabido el día de la jura del nuevo virrey, iba S. E. al castillo de la Aljafería, y saliendo los jurados primero, segundo y Zalmedina de las casas de la ciudad marchaban a dicho castillo.

Capítulo XIII. De las fiestas que se celebraron en la Aljafería con motivo de las coronaciones de las Reinas

También las Reinas podían aspirar en nuestro reino al honor de la coronación, pero según advirtió don Pedro IV en sus ordinaciones, debían recibir la corona de mano de sus maridos, y no de ninguna otra, y no podían tomarla tampoco del altar. La 1.ª reina que se coronó en Aragón fue doña Constanza hija de Manfredo rey de Sicilia y mujer del rey don Pedro III el de los franceses, el mismo día que este, esto es, el 16 de noviembre de 1276.

Doña Sibila mujer de don Pedro IV el Ceremonioso se coronó en 1380. Nada sabemos de los festejos que se hicieron en su coronación, pero no es de presumir que su esposo tan exacto en la etiqueta, omitiese ninguna de las formalidades que prescribió. Estas las refieren practicadas nuestros cronistas en la coronación de doña María de Luna, hija del conde de Luna, esposa de don Martín, el cual se coronó el 13 de abril de 1399, y el martes de la semana siguiente principiaron las fiestas de la coronación de la reina, concurriendo a la Aljafería los mismos que habían asistido a la coronación de su marido, e igualmente varias nobles dueñas y doncellas de la ciudad en gran número, como dice Carbonell. Al toque de vísperas salió la reina a la sala de los mármoles ricamente vestida; se sentó en una silla, y se pusieron a danzar la reina de Nápoles, la infanta doña Isabel, y algunas otras damas. Cuando fue sazón salió a la puerta de la Aljafería, y subió sobre un hermoso caballo blanco. Rompían la marcha los oficios de la ciudad; seguían 24 bordonadores; luego los prelados más principales y algunos personajes y ricoshombres: venía a continuación la música de menestriles y trompetas: un castillo con 4 cirios de cera blanca; después doce caballeros con hachas que acompañaban a pie a la reina, y detrás de esta la de Nápoles, la infanta doña Isabel y otras damas de palacio y de la ciudad en muy gentiles palafrenes. La reina fue recibida por el arzobispo en la puerta de la Seo, y habiendo descansado por la noche en un retrete que se le preparó, fue coronada al día siguiente con casi las mismas ceremonias que su esposo, de quien recibió la diadema puesta de rodillas ante él, notándose a la vuelta la diferencia, de que nadie sino la reina fue a caballo, pues hasta la de Nápoles volvió a pie. Hubo banquete y baile en la Aljafería, y al día siguiente iguales funciones en este alcázar.

La 4.ª y última reina que se coronó, fue doña Leonor esposa de don Fernando I el Honesto, dos días después que éste, a saber, el miércoles 14 de febrero de 1414. El acompañamiento fue lucidísimo a la ida y a la vuelta, sin que ocurra otra particularidad digna de notarse, que a que refiere Alvar García, cuyas palabras copiaremos: «Dichas las bendiciones, según dijeron al rey, tornaron a la Señora reina, los prelados en procesión llevándola los infantes como la trajeron, llevándole las infantas (doña María y doña Leonor) la corona e la manzana e cetro e dejáronla en la capilla dó había salido[99] e los obispos tornaron a decir su misa, e el rey quedó en su silla; a poco de hora tornaron los infantes, e los prelados en procesión, e trajeron a la reina ante el altar, e estuvo un poco, e llevaronla ante el rey, que estaba en su silla, e fincó de hinojos ante él, e púsole la corona, la que la reina de Castilla envió al rey, que era mui fermosa e rica de piedras preciosas con aljófar mui grueso, e púsole el cetro en la mano derecha e la manzana en la izquierda, e sacó el rey una sortija de su mano, e púsole en el su dedo de la reina, e quísole dar paz en la boca, e queriéndola dar paz, oviérale de caer la corona al rey de la cabeza, e eso mismo a la reina e ovieron de tener cada uno su corona, e con fermoso continente embermejados de vergüenza se ajuntaron a besar, e las gentes mucho mirando, porque era cirimonia natural muy apacible a todos de lo mirar, cuanto más a los catalanes que lo han por costumbre, e gran deleite en ella. Ansi como fue coronada lleváronla a la otra silla de la otra parte del altar, dó había de ser después de coronada, e así como el rey ovo dado paz a la reina, llegaron a la reina los infantes, e besáronle la mano, e ella los besaba en la boca, e esto mismo fizieron don Enrique de Villena e doña Leonor su hermana.

E acabada de coronar la dicha reina mui afrentada de vergüenza, el rey por le hacer solemnidad, armó caballeros a Pedro García de Medina su escribano de cámara etc.»

Al regreso de la reina a la Aljafería hubo los festejos que en la coronación de su esposo; pero en la comida que se tuvo no se mencionan las invenciones que se emplearon en el banquete del rey. El viernes 16 de febrero

99 Esta era la capilla del arzobispo don Lope de Luna, donde se vestían los reyes y reinas.

se celebró un torneo de 150 caballeros en el campo del toro (no habiendo concurrido 50 caballeros más por falta de caballos). Los reyes fueron a verlo desde una de las torres del adarve de la ciudad, y tan recios golpes se daban los combatientes, que eran caballeros fijos-dalgo de Castilla y de los Reinos de Aragón, que don Alonso Enriquez almirante mayor de Castilla, tío del rey y de Rui López de Avalos condestable de Castilla, a quienes S. M. había encomendado despartirlos cuando porfiasen en el torneo, tuvieron mucha dificultad para conseguirlo.

Hubo también en el mismo sitio una justa de quince telas, que el Príncipe y duque dispusieron para honrar la fiesta de su madre. De una tela a otra había diez pasos: la una, como dice Alvar García, era baldía, en la que miraban los caballeros; y la otra servia para justar, siendo ocho las en que se verificaba este ejercicio. Todos los justadores iban a herir en el adarve en que estaban el rey y la reina. El mismo escritor nos refiere: «que de cada parte de estas telas, estaban puestos sus paramentos de cendal verde sobre su casa de madera, e en cada canto había un estandarte, e una lanza de cendal verde, y de cada parte había ocho varas en canto de las dichas ocho telas cerca de los paramentos, de manera que había diez y seis casas con sus paramentos, y los mantenedores estaban de parte del adarve en que se hallaba colocado el rey.» Los infantes encomendaron el cargo de mantenedores de las telas a Diego López de Sandoval adelantado de Castilla, a don Fernando de Villena, a Mosen Bernal Centellas, a Luis de la Cerda, a Mosen Francisco Maza y otros, que tenían también otras personas que les auxiliasen. Se cuenta que fueron muchos aventureros con los yelmos puestos, y justaban rompiendo en varias piezas las varas, y que encubiertos se presentaron también los hijos del rey armados de torneo, y con ellos siete u ocho más que entraron en las telas, que estaban debajo del punto del adarve que ocupaban sus padres. Aquella noche hubo baile en la Aljafería, y se desposó doña Leonor de Villena con don Ancón de Cardona, hermano del conde de este título. Así mismo se celebró la fiesta del casamiento de doña Leonor hermana de García Fernández Manrique con el conde de Quírra.

Así terminaron las fiestas de esta coronación la última que presenciaron los aragoneses: pero todavía continuó la Aljafería siendo el teatro de otras solemnidades. En ella a 7 de octubre de 1498, a donde se trasladaron los reyes Católicos después de la muerte de la princesa doña Isabel, que falleció en el palacio del arzobispo, se solemnizó el matrimonio de don Pedro de Navarra mariscal de aquel reino y de doña Mayor de la Cueva, dama de la reina hija de don Beltrán de la Cueva duque de Alburquerque y de la duquesa doña Mencía de Mendoza su mujer que eran difuntos.[100]

---

100 Zurita, t. 5.º, cap. 3 pág. 156 v.ª

Capítulo XIV. De las personas que estuvieron presas en la Aljafería, y sucesos lamentables que ocurrieron dentro de este alcázar

Pero si el alcázar de la Aljafería es memorable por las brillantes solemnidades que se celebraron en su recinto, también lo es por los personajes que estuvieron presos en él, y acontecimientos funestos que recuerda.

En este castillo encontró un pronto asilo el rey don Pedro el Ceremonioso, cuando alterado el reino con la Unión, celebrando cortes en el convento de Santo Domingo de Zaragoza, llamó en ellas traidor al infante don Jaime su hermano, e impuso silencio a don Juan Jiménez de Urrea señor de Viota, que quiso salir a la defensa del infante, lo que dio lugar a que un criado de éste abriese las puertas y entrase la multitud enfurecida, con cuyo motivo sacaron el rey y los de su acompañamiento las espadas. Calmado algún tanto el alboroto, se retiró don Pedro a la Aljafería.

Nuestros historiadores hablan de otra escena lamentable ocurrida en 1429, en el reinado de don Alonso el Magnánimo, que fue la muerte del arzobispo de Zaragoza don fray Alonso de Argüello. Suponen algunos que como castellano de origen, mantenía correspondencia con el condestable don Álvaro de Luna, y que a esto debió su desgracia: pero en las memorias manuscritas de don Fernando de Aragón (también arzobispo de Zaragoza),[101] se asigna muy diferente causa a esta catástrofe, diciendo que dando este prelado el brazo un día a la reina en demostración de obsequio y respeto, se desmandó con temeraria ligereza a decirla alguna palabra no decente, y aunque la reina que fue ejemplo de honor y honestidad, no mostró haber oído o atendido, fue el arzobispo aquella noche arrebatado al palacio de la Aljafería, y luego arrojado al Ebro.

En este mismo castillo[102] fue puesto en prisión el príncipe don Carlos llamado vulgarmente de Viana, por el rey don Juan II su padre en 1461, desde donde fue trasladado a Miravet, y después a Morella.[103]

---

101 Abarca Anales de Aragón, t. 2.º, pág. 193.

102 Zurita, lib. 17, pág. 81 v.ª

103 La muerte de esta príncipe desgraciado abrió la sucesión a la corona de Aragón al príncipe don Fernando llamado después el Católico.

El día 24 de mayo de 1591 fueron conducidos Antonio Pérez y su compañero Mayorini en un coche, desde la cárcel de manifestados a la Aljafería, por el fiscal y ocho familiares de la Inquisición, mediante mandato que llevó un portero de maza del Consejo del justicia de Aragón al alcaide, para que entregase el preso dentro de tres horas. Esta entrega se había verificado bajo la amenaza de excomunión y multa de 3000 ducados a cada uno de los lugartenientes del justicia: pero a pesar de que esta diligencia se practicó con misterio, se divulgó pronto por la ciudad[104] la noticia, y los principales miembros de la nobleza, y entre ellos don Juan de Luna barón de Purroy, y don Martín de Lanuza fueron a la cárcel de manifestados, afearon al alcaide la entrega, se trasladaron al palacio del justicia don Juan Lanuza, le acusaron de violar los fueros, y observando don Martín de Lanuza la inutilidad de estas gestiones, en unión de otros nobles dio el terrible grito de Contrafuero, Ayuda a la libertad: y una porción de los amotinados se dirigió al castillo de la Aljafería, de donde a pesar de la resistencia de algunos inquisidores, con la mediación del arzobispo de Zaragoza Bobadilla, y de los condes de Aranda, y de Morate, fueron puestos en manos de estos y del virrey, Pérez y Mayorini a cosa de las cinco de la tarde, y volvieron a la cárcel de los manifestados.[105]

Aunque me propuse hacer mérito únicamente en esta historia de los sucesos antiguos, no creo del caso omitir uno, a virtud del cual un capitán general se vio preso en este alcázar, ocurriendo en su prisión los incidentes que voy a referir. Las sangrientas escenas del 2 de mayo de 1808 en Madrid habían conmovido profundamente al pueblo Zaragozano, que respirando venganza y furor contra los franceses, clamó varias veces pidiendo las armas. Inflamó más y más los ánimos la aparición de una palma que formó una nube sobre el templo de nuestra Señora del Pilar, y habiéndose reunido en aquella plaza con este motivo un numeroso concurso, acudió también el capitán general don Jorge Juan Guillelmi, ora fuese por curiosidad, ora por evitar cualquiera funesto acontecimiento: pero aun no había parado el coche, cuando resonó con un estruendo estrepitoso el grito de las armas. El general con voces blandas, y sobre todo con su presencia grave y majestuosa, calmó la efervescencia del pueblo, que dócil a las insinuaciones de la autoridad,

---

104   Mr. Mignet págs. 114 hasta 118-Argensola pág. 81 y siguientes.
105   Mignet pág. 117 y siguientes Argensola pág. 91 y siguientes.

desfiló sin insistir en sus exigencias. Pero entretanto la mina se cargaba sordamente: venían noticias alarmantes desde Madrid; don José Palafox y Melci había llegado herido desde Bayona, y la relación de las desgracias de un rey tan idolatrado como Fernando VII habían producido aquella impresión que no podían menos de causar en un pueblo tan generoso y tan fiel como Zaragoza. Miraba esta Ciudad como su ídolo a Palafox, el cual no habiendo podido vencer a Guillelmi para que usase de su poder levantando el Aragón, se retiró a Alfranca, casa de campo del marqués de Ayerve, a dos leguas de la Capital en las márgenes del Ebro. Desde allí Palafox sostenía las esperanzas del pueblo, y formada secretamente una junta, se decretó un movimiento, cuyo principal adalid debía ser un labrador honrado y respetable, llamado Mariano Cerezo, sujeto de grande influjo y representado en la vasta parroquia de san Pablo, ya por sus prendas, ya también por tener a su cargo la dirección de los riegos del Canal. De acuerdo con los jefes que a propuesta suya autorizó la Junta para el Arrabal, y parroquias de san Miguel, y la Magdalena, dispuso que los labradores y jornaleros se trasladasen desde la madrugada del 24 de mayo al sitio llamado la Cruz del Coso, donde debían aguardar en silencio la señal que se les diera. Veíase por momentos aumentarse la muchedumbre que iba llenando la ancha calle del Coso, desde el punto mencionado hasta la casa llamada de las Monas inmediata al palacio del general, que ahora ocupa la Audiencia. No había a la sazón en Zaragoza más que una compañía de artilleros, de la que una parte daba la guardia al general; pero como aquel concurso no la hostilizaba, no mostró la menor inquietud. A las nueve poco más o menos se presentó Cerezo, recorrió las filas de sus soldados ocultos, y después dirigiéndose a la guardia les dijo: «Artilleros, con vosotros nada va; u obrad como nosotros, o si vuestro pundonor no os lo consiente, estáos quedos. Aquí no se viene a hacer mal a nadie, sino a evitarlo; os sería doloroso querer usar del arma a vista de tanta gente.» Y volviéndose a la muchedumbre gritó, las armas, las armas que vienen los franceses a llevárselas; las armas, señor general: y este grito fue repetido con entusiasmo hasta cerca de las once, en que presentándose los comandantes de Miñones, don Antonio y don Gaspar Torres, les previno Cerezo, que si habían de esforzar su demanda para con el general pasasen adelante, o de lo contrario le excusasen un bochorno. Subieron estos militares y le informaron de lo ocurrido; pero aun duraba la conferencia en la que el general Guillelmi insistía en la negativa, a pretexto de falta de orden de la superioridad, cuando Cerezo impaciente de tal tardanza, subió con un pique- te de los suyos, y después de dirigir una corta arenga al general, concluyó diciéndoles que era indispensable, que, o franquease las llaves del castillo de la Aljafería, o que en persona mandase la entrega de las armas. Observando que era invencible su resistencia, le intimó resueltamente que su presencia era necesaria en el Castillo, advirtiéndole que depusiese todo temor pues sería conducido sin que nadie le ofendiera. El general emprendió su marcha a la Aljafería, y como eran las doce del día y el Sol se desplomaba con fuerza, Cerezo pidió un quitasol en una de las tiendas del Coso, y haciéndole sombra con él, le acompañó hasta el Castillo, y le colocó en uno de los pabellones más decentes, donde permaneció tratado con la mayor consideración, y sin sufrir el menor insulto hasta el 14 de junio de 1808.

También salvó la vida en este Castillo el conde de Fuentes, a quien el pue- blo de Zaragoza manifestó la mayor aversión, y que había sido detenido en la Sierra de Cameros cuando desde París venía con dirección a Madrid. Solo la presencia de Palafox que salió a recibirle pudo librarle de una desgracia.

Capítulo XV. De la visita que S. M. doña Isabel II hizo al Castillo de la Aljafería en 27 de julio de 1845

Este hecho aunque de fecha recientísima, no me parece que debía omitirlo en la historia de la Aljafería, porque formará época en los fastos de este alcázar. Después de tantos siglos en que el castillo de la Aljafería dejando de ser mansión real, no había presenciado por lo común más que lágrimas y pesares, llegó la tarde del 27 de julio último, en que S. M. doña Isabel II y sus Augustas Madre y Hermana se dejaron ver en aquel recinto, para tributar un homenaje respetuoso a la morada de sus antecesores: y digo, homenaje, porque hasta los reyes presentes tienen que tributarlo a la memoria de los que les precedieron en el mando. Inútil es que yo describa lo que saben los zaragozanos, que diga la manera con que se adornaron las salas y el altar que se construyó en la alcoba del aposento llamado de Santa Isabel colocando una efigie de la Santa. Todos estos son hechos que no ofrecen una grande novedad, al paso que acreditan, que un ejército fiel quiso obsequiar a sus Reinas, y que eligió oportunamente un local en que lo presente debía ser realzado con los recuerdos de lo pasado. Lo grande, lo verdaderamente sublime, consiste en las consideraciones a que presta materia esta visita. En medio de aquella fiesta yo tenía ocupada mi imaginación con una multitud de ideas. A este paraje olvidado hace tantos años, donde casi únicamente se han oído lloros y desconsuelos, viene la reina de las Españas a pisar el mismo suelo que hollaron los reyes moros y los reyes aragoneses. Oh! ¡Cuantas saludables lecciones pueden dar estas paredes, cuantos pensamientos elevados no puede inspirar este recinto! La infanta doña Isabel después reina de Portugal, revestida de inimitables virtudes, presenta ejemplos de grandeza de alma en sus padecimientos, y sobre todo en aquella paciencia heroica que la distinguió. Ella supo vencer la tibieza de su esposo y calmar sus iras. Esta infanta se presenta como viva al que habiendo leído su historia, recorre el palacio de la Aljafería. ¿Y los reyes Católicos don Fernando y doña Isabel pueden dejar de verse en unas salas que ostentan su magnificencia? Estos me parecía que circulaban por aquellos salones, y que sus sombras majestuosas se acercaban a su excelsa nieta la señora doña Isabel II, y le dirigían voces tan dulces como provechosas. Mi imaginación absorta, como la del autor de las Noches sobre el sepulcro de los Escipiones, veía mezclado el siglo XIX con los diez que le precedieron, y estas visiones podrían darme lugar a largas e interesantes reflexiones que considero intempestivas en esta historia. Sin embargo en medio de aquella confusa muchedumbre, yo decía dentro de mi mismo; el Aragón volverá a ser grande y presentará un espectáculo magnífico, si su reina doña Isabel II recuerda que la monarquía española llegó al apogeo de su grandeza, cuando ocupó el trono de Castilla un rey aragonés. Grande, sublime, entusiasmador es todo cuanto pueda contribuir a fijar en el tierno corazón de la reina la idea, de que el Aragón ha sido más de lo que es, y puede ser todavía mucho más, sino se le deja en el olvido, y se le mira como un país que puede elevarse al más alto grado de esplendor.

Capítulo XVI. De lo que debería ejecutarse para conservar y reparar las preciosidades de este edificio

Cuando fijo la vista en los restos de obras tan antiguas y venerables; cuando las veo en un estado de degradación, o por hablar con más exactitud, de destrucción; no puedo menos de exclamar apesadumbrado. ¡Será posible que por un descuido vergonzoso hayan de sepultarse en la nada estos monumentos! Los pueblos civilizados se distinguen principalmente de los que todavía están sumidos en la barbarie, en que conservan sobre la tierra las huellas de sus antepasados, los adelantos de las generaciones que les precedieron. Si separamos de la superficie del universo las mejoras que sucesivamente ha hecho el trabajo del hombre, la naturaleza se nos presentará en aquel estado de selvatiquez, en que se encontraba cuando por la vez primera se labró el suelo y se erigieron moradas donde resguardarse de la intemperie de las estaciones, a cuyo estado volvió la Italia después de la invasión de los bárbaros del norte. Los vándalos y los hunos cubrieron la Europa de ignorancia destruyendo las obras de la civilización romana, que había atesorado los progresos de la Grecia. Hay un género de vandalismo también en permitir que se hundan en el polvo los monumentos de una antigüedad respetable, las páginas de una historia viva y elocuente. Afortunadamente en nuestra patria se ha despertado el deseo de conservar las obras de las generaciones pasadas, y este deseo no será estéril en Zaragoza para el Castillo de la Aljafería, después que un general apreciando sus bellezas y recuerdos llevó a la reina Nuestra Señora a su recinto. El artesonado del salón de Santa Isabel está en gran parte destrozado; las tribunas han casi desaparecido en su totalidad; la mezquita está mutilada y a merced de uno de los inquilinos. Costosa es la reparación, sin embargo S. M. no dejará de imitar a su augusto tío el rey de los franceses que ha puesto un esmero singular en la reparación del palacio de Enrique IV en la ciudad de Pau. La monarquía francesa cuenta como uno de sus héroes a un rey, que conquistó a París y extinguió las discordias, y en obsequio de esta memoria tributa cierto culto político al lugar donde vio la luz este monarca. Fernando e Isabel después de haber unido a la corona el reino de Granada dieron a España un nuevo mundo, y asentaron el poder real sobre bases indestructibles combatiendo la anarquía y el feudalismo. ¿Y no ha de merecer la morada predilecta de estos reyes el honor de la reparación?

Mientras que la munificencia de S. M. derrama sus beneficios sobre este antiguo alcázar de sus predecesores que tantas ideas de grandeza recuerda, la autoridad militar puede principiar a dar importancia al departamento de Santa Isabel. En el salón debe colocarse un solio para la celebración del acto imponente de las visitas de cárcel.[106] ¿No debe experimentar un capitán general una sensación profunda al considerar que administra justicia y aun dispensa gracias, donde antiguamente las dispensaron los reyes? Cierto es que ahora no se cuenta con fondos para la reparación completa, pero a lo menos no deben faltar para asegurar lo existente, para precaver una ruina, para impedir una destrucción total. No faltan por lo demás artífices que puedan labrar algunas de las piezas que se echan de menos; quizás algún soldado que esté instruido en la elaboración de las maderas podrá con la esperanza de algún año de rebaja esmerarse en construir algunas de las partes que faltan en ciertos trozos del artesonado. Lo que no se intenta, nunca llega a conseguirse: es preciso principiar las obras, porque el que las principia lleva una ventaja inmensa.

Sobre todo la mezquita debe reponerse en cuanto sea posible en su antiguo estado. Si se la ve dividida y cual esta hoy día, un profundo sentimiento se apoderará del inteligente que la visite. Difícil es, formar idea de su hermosura, de su elegancia, no restituyéndole en cuanto sea posible, su primitiva forma.

El alcaide del Castillo debería encargarse de las llaves de estos departamentos, que podrían abrirse al que en días determinados solicitase verlos; del coste de las obras de reparación pudiera formarse inmediatamente un presupuesto: principiar por lo más urgente, por lo que sufre menos espera, y reservar lo restante para épocas más abundantes. Si S. M. viniese alguna vez por esta ciudad, y los gremios y cuerpos tratasen de hacer algunos festejos se les debía hacer entender, que más que unos fuegos pasajeros, unas lumi-

---

106 Tengo una satisfacción en que el excelentísimo señor don Valentín Cañedo, capitán general actualmente, haya manifestado este deseo en la primera visita que ha hecho, coincidiendo felizmente con los que yo había estampado en eseCapítulo. Todavía espero más de su ilustración en favor de la Aljafería.

narias improductivas, sería aceptable a S. M. la reconstrucción de una parte de estos adornos. Los carpinteros por ejemplo y los tallistas podrían hacer un obsequio poco costoso presentando unas cuantas piezas del artesonado. En fin cuando hay celo no faltan medios. Una fiesta de Iglesia a Santa Isabel en el Castillo de la Aljafería hecha por suscripción podría suministrar algunos fondos. El excelentísimo señor capitán general debería desde luego formar una junta o comisión compuesta de las personas que fuesen de su agrado y cuya presidencia se reservara, para escogitar arbitrios y recursos y para discurrir los demás medios oportunos a fin de realizar la reparación.

S. M. que ha honrado mi insignificante opúsculo permitiendo que lo pusiese bajo sus reales auspicios, si se dignase leer estas últimas páginas, al paso que vería en ellas un celo puro y desinteresado, quizás no dejaría de encontrar digno de la majestad el restablecimiento de una obra de sus progenitores. Entonces mi memoria habría sido en algún modo un memorial, una pretensión que los gloriosos reyes difuntos hacían a la reina presente. Dulce es para mi cuando escribo de antigüedades honrar la noble profesión de la abogacía, que protegiendo las cosas y personas particulares ejerzo, abogando también por el esplendor de las artes, por la gloria de los reyes, por los recuerdos de la antigüedad.

Conclusión.

Estos son los principales sucesos que han ocurrido, o en el recinto, o a las inmediaciones del antiquísimo Castillo de la Aljafería, y las vicisitudes que ha tenido este edificio en el dilatado espacio de cerca de diez siglos, o sea de 981 años. Mi pluma consagrada principalmente en esta tarea a revelar tan solo los misterios de la antigüedad, no hace mención de las épocas más recientes que abrazará la historia contemporánea. Queda cumplida mi misión que es la de recordar los acontecimientos remotos, que tuvieron lugar en este alcázar de los reyes moros y de los reyes aragoneses. Quizás nada o muy poco habré dicho de nuevo para las personas ilustradas, pero muchos a quienes no es posible revolver los dispersos y escasos volúmenes que contienen nuestras glorias, si leen mi opúsculo, fijarán con más atención la vista en este monumento venerable, y cuando lo visiten o pasen a corta distancia recordarán los nombres de tantos héroes aragoneses, y de cuantos ocupando altos destinos se propongan salvar de la voracidad del tiempo tantas memorias dignas de conservarse, infundiendo a los que habiten en lo sucesivo en aquel edificio, un respeto santo para evitar que se destruya y desaparezca por la manía y el vandalismo una obra que ha sobrevivido a tantos desastres, y que se mantiene con señales de lo que fue, a pesar de las continuas revoluciones de las edades.

Apéndice

Nota 1.ª

Excelentísimo señor.

El señor don Prospero Bofarull me ha manifestado en contestación a la que le dirigí, que existían en el archivo que se halla confiado a su cuidado en Barcelona, varios documentos relativos al Castillo de la Aljafería, pero me añade, que era preciso dirigirse a S. M. por el Ministerio de la Gobernación para que pudiese librar testimonio, lo que tengo el honor de poner en conocimiento de V. E., a fin de que si lo juzga oportuno, se sirva obtener esta autorización para que pueda dar cima a los trabajos que he emprendido de acuerdo con V. E. Dios guarde a V. E. muchos años. Zaragoza y julio 7 de 1844.

Excelentísimo señor Mariano Nougues Secall.

Excelentísimo señor don Manuel Bretón capitán general del Ejército y Reino de Aragón.

Capitanía general del 6.º distrito. Estado mayor.

Sección Archivo.

El Subsecretario del Ministerio de la Gobernación de la Península en 19 del actual me dice lo que sigue:

«Excelentísimo señor. Con esta fecha se previene lo conveniente al Archivero general de la Corona de Aragón para que libre al doctor don Mariano Nougues y Secall, Abogado y fiscal del tribunal de justicia de esa Capitanía general, copia de varios documentos que existen en el mismo archivo referentes al Castillo de la Aljafería de esa Ciudad. De Real orden comunicada por el señor ministro de la Gobernación de la Península, lo digo a V. E. para su inteligencia y efectos correspondientes.

Lo traslado a V. S. para su debida noticia, fines subsiguientes y por respuesta a su atento escrito de 7 del corriente, relativo al particular de que va hecha mención. Dios guarde a V. S. muchos años. Zaragoza 21 de julio de 1844. Manuel Bretón.

Señor don Mariano Nougues Secall, fiscal del tribunal de justicia.

Nota 2.ª

Viajes de Ali-Bey

Pág. 130. Tomo 1.º

Cada oración canónica consta de la invocación, varios rikats, y salutación. El rikat se compone de siete posiciones del cuerpo con diferentes oraciones; he aquí la forma con el tenor de la oración.

Invocación

El cuerpo recto y las manos levantadas a la altura de las orejas, se dice:

¡Alláhou ak i bár! ¡Dios muy grande!

Primer rikat

Primera posición. De pie, los brazos y manos colgando por los malekis o cruzados por los hhaneffis,[107] se reza el primer Capítulo del Corán, que se llama El Fat-há y es como sigue.

¡Alabanza sea dada a Dios! señor de los mundos, clementísimo, misericordiosísimo, rey del día del juicio final, adoramoste, e imploramos tu asistencia; dirígenos por el camino recto, el camino de aquellos a quienes has colmado de tus beneficios, de los que son sin corrupción, y no del número de los extraviados. Amen.

Luego se reza un Capítulo o algunos versículos del Corán en la misma actitud.

Segunda posición. Se dobla toda la mitad superior del cuerpo, apoyando las manos sobre las rodillas, y se grita en alta voz.

¡Dios muy grande!

Tercera posición. Se vuelve a enderezar diciendo: Dios oye, cuando se le dan alabanzas.

Cuarta posición. Postrándose, con las rodillas, manos, nariz y frente en tierra, se dice:

¡Dios muy grande!

---

107 Para la inteligencia de este pasaje debo advertir que la secta malekí ora con los brazos colgando, y los hanneffís los cruzan para orar.

Quinta posición. Sentándose sobre los talones y poniendo las manos sobre los muslos se grita:

¡Dios muy grande!

Sexta posición. Se postra como antes diciendo:

¡Dios muy grande!

Séptima posición. Vuélvese a poner de pie, y si es posible, sin poner las manos en tierra, y se repite la exclamación: ¡Dios muy grande!

Segundo rikat

En este, después de ejecutadas las seis primeras posturas, consiste la séptima en sentarse sobre los talones como en la quinta repitiendo: ¡Dios muy grande!

Luego se añade: Las vigilias son para Dios, como también las oraciones y limosnas. ¡Salud y paz a ti, o profeta de Dios! ¡Que la misericordia del señor y su bendición sean también contigo! ¡Salud y paz a nosotros y a todos los servidores de Dios justos y virtuosos! Confieso que no hay Dios sino Dios único: confieso que Mahoma es su servidor y su profeta.

Si la oración ha de tener solamente dos rikats se reza en la misma postura la siguiente adición, después de la oración que acabamos de poner.

Y confieso que el fue quien llamó a sí a Mahoma, y confieso la existencia del paraíso, y la del infierno, y la del Sirat,[108] y la de la balanza,[109] y la de la dicha eterna concedida a los que no dudan y que en verdad Dios los resucitará de la tumba. ¡O Dios mío! da tu salud de paz a Mahoma y a la raza de Mahoma, como has dado tu salud de paz a Ibrahin (o Abrahan); y bendice a Mahoma y a la raza de Mahoma, como has bendecido a Ibrahin y a la raza de Ibrahin. Las gracias las alabanzas y la exaltación de gloria sean en ti y por ti.

Conclusión o salutación

Sentado, y volviendo el rostro a la derecha y luego a la izquierda se repite a cada lado la salutación: ¡La paz sea con vosotros!

---

108 Puente sobre el infierno, que es tan delgado como el filo de una espada. Los justos lo pasarán con la velocidad del rayo para entrar en el paraíso; los réprobos caerán en abismos de fuego.

109 La balanza eterna, donde se pesan las acciones buenas y malas de los hombres.

Lo dicho constituye una oración perfecta; mas cuando ha de constar de tres rikats no se reza la adición y conclusión sino al fin del tercero, semejante en un todo al segundo. Si consta de cuatro rikats, al fin del segundo, y omitiendo la adición, se rezan los dos últimos como los dos primeros; enseguida se añade la adición y conclusión después del cuarto.

Al comenzar las oraciones canónicas se hace la convocación siguiente: ¡Dios muy grande! ¡Dios muy grande! Confieso que no hay otro Dios, sino Dios; confieso que no hay otro Dios, sino Dios; confieso que nuestro señor Mahoma es el profeta de Dios; Venid a la oración, venid a la oración, venid al asilo (o al templo de la salud), venid al asilo. ¡Dios muy grande! No hay otro Dios, sino Dios.

Dicha convocación se hace también desde lo alto de los minaretos, cinco veces al día para llamar a los fieles, o a lo menos para anunciar al pueblo la hora de la oración, que puede hacer cada cual donde se halle, excepto la de duhur del viernes, que debe hacerse en la mezquita en común. A la convocación de la mañana después del segundo a-i-a-el feláh se añade:

Es salátou hhairóun minn en náoum.La oración es mejor que el sueño.

Es salátou hhairóun minn en náoum. La oración es mejor que el sueño.

El Hombre encargado de gritar se llama el mudden. Hay además otro mudden en la Mezquita, que reza o canta la convocación, y Alláhou aki bar, a cada una de las posturas de los rikats, como asimismo la conclusión Assalámou aaléikom.

Después de cada una de las oraciones canónicas se hace uso del rosario y se pronuncia:

A la primera cuenta.

¡Sobhána Alláhi! ¡O Dios santo!

A la segunda cuenta.

¡Alhámdo Lillahi! ¡Alabanza sea dada a Dios!

A la tercer cuenta.

¡Alláhou aki bar! ¡Dios muy grande!

Y de este modo se pasan las noventa y nueve cuentas o granos del rosario musulmán.

Nota 3.ª

Masdeu, Tomo 15. España Árabe.

Catálogo cronológico XIII. De los reyes de Zaragoza según la cronología establecida en la ilustración V.[110]

	empezó	vivía	acabó
I. Zimael, hijo de Musa Bencacin	27-m	d 855	822
II. Mohamad I. Ababdalla, hijo de Lupo rey II de Tudela	32. m	d 882	914
III. Abderramán I. Alnaser Ledinalla, Miramamolin VIII	47. m	d 914	15-10961
IV. Al-Hakem Almostanser Billa, Miramamolin IX	14. m. 11. d	14-10. 15. 961	29-9-976
V. Almanzor Mohamad, Miramamolin X	25-m. 10. d	7-9-29. 976	6-8-1002
VI. Abdelmalec I. Abu-Odpher, Miramamolin XI	6-m. 2-d	14-8-6 1002	20-10-1002
VII. Abderramán II, Schangiul, Miramamolin XII	m. 3. d	20-10-1008	15-2-1009
VIII. Mohamad II, Almahadi, Miramamolin XIII	m. 9. d	15-2-1009	5-12-1009
IX. Al-Monder Alhagib Almanzor, hijo de Jahia.	29-m. 8. d	12.1009	9-1039
X. Solimán Abu-Aiub Ben-Hud Algiozami Almostain Billa, hijo de Mohamad	7-m	1039	1046
XI. Ahmad Abu-Giafar I. Almoctader, hijo de Solimán Abu-Aiub	35-m	1046	1081
XII. Josef Abu-Amer Almutameno, hijo de Ahmad Abu-Giafar	4-m	1081	1085
XIII. Ahmad Abu-Giafar II. Almostain Billa, hijo de Josef Abu-Amer	2-m	1085	1-1110
XIV. Abdelmalec II. Abu-Maruan Omadaldaulat, hijo de Ahmad Abu-Giafar II	8. m	11-1-1110	18-12-1118

El editor de la Historia de la dominación de los árabes en España sacada de varios manuscritos y memorias arábigas escrita por el doctor don José Antonio Conde, pone una advertencia al fin del tomo 2.º en la que manifiesta,

---

110 La a quiere decir años, m, meses; d, días; P, principio de mes; M, mitad; F, fin.

que al principiar la impresión de este volumen había fallecido el autor, dejando la obra sin división deCapítulos y sin la correspondencia de los años, y que había hecho lo que había permitido el tiempo para dar menos desaliñados los dos tomos póstumos y añade: al dar la serie cronológica de los reyes árabes nos hemos visto en un laberinto. La multitud de sus nombres y apellidos, su número mismo y las deposiciones de reyes y usurpaciones de reinos, nos harían abandonar el pensamiento de colocarlos aquí, sino fuera porque el autor dejó sobre esto apuntes aunque informes. Los hemos comparado con la serie que estampó el Masdeu en su tomo 15, y ni aun en los nombres hay uniformidad. ¿Cómo la habrá en la cronología? Dejemos a los sabios la rectificación de los yerros que necesariamente deben resultar en materia tan complicada.

Reyes de Zaragoza.

Almondar ben Yahye	430
Solimán Algiuzami	438
Ahmed ben Solimán	474
Jucéf ben Ahmed	478
Ahmed Abu Giafar	503
Abdelmalek Abu Meruan	512
Ahmed Abu Giafar ben Abdelmalek	540

Reyes moros
de quienes habla Zurita en sus anales.

Ibnabala año 785	En su libro 1.º cap. 3.º pág. 4 vuelta 2.ª col. 4.ª
Marsilio año 809	Libro 4.º cap. 3.º pág. 7 vuelta col. 1.ª
Abenhaya año 914	Libro 1.º cap. 8.º pág. 13 col. 2.ª
Almugdavir año 1035	Libro 1.º cap. 17
Amar por sobre nombre Almuzacait o Almozaban y Almuacen	Libro 1.º cap. 31. Sitio de Huesca por don Sancho Ramírez. Batalla del Alcoraz
Abucalem año 1110	Libro 1.ºCapítulo 41. Muerte en la batalla de Valtierra por don Alonso el Batallador

Blancas en sus comentarios refiere sucintamente la historia de diez y seis reyes moros que son los siguientes.

	Principio de su reinado.
1.º Ibnabala o Ibnalarabi	año 778
2.º Marsilio	809
3.º Muza Aben Heazin	830
4.º Aben Alfage	864
5.º Aben-Haya o Abenayre	904
6.º Mudyr hijo del anterior	

No se sabe los que le sucedieron y parece que hubo un interregno

7.º Imundar	1003
8.º Almugdabyr	1036
9.º Ira Almudafat	1063
10.º Zulema	1081
11. Haucen Aben Huth, hijo del anterior	1083
12. Juceph Aben Huth	1088
13. Almozaben	Reinaba ya en 1096
14. Abdelmelch	Reinó muy poco tiempo
15. Hamat Almuzacayth	1098
16. Abuhazalen	1110

Este fue muerto en la célebre batalla de Valtierra.

Nota 4.ª
Archivo general de la corona de Aragón.
Gratiarum 8. de Jaime II. Parte 2.ª fol. 187. n.º moderno 205.

Dilectis et fidelibus suis Merino et Zalmedino Cæsaraugustæ, aliisque officialibus nostris presentes litteras inspecturis etc. Cum felicis memoriæ progenitores nostri constituerent in Aljaffaria nostra Cæsaraugustæ quamdam Ecclesiam seu capellam ad honorem Beati Martini Confessoris deserviendam ibidem per abbatem seu rectorem Monasterii Crasone Diœcesis Carcasonæ, seu illum quem dictus abbas ad hoc duxerit ordinandum. Et nunc Religiosus Augerius abbas monasterii supradicti prioratum dictœ Aljaffariæ contulerit et commiserit fratri Jacobo Berengarii monacho dicti Monasterii cum suis juribus universis, ammoto a dicto prioratu fratre Arnaldo Funuci monacho, ut de collatione huiusmodi per literas dicti abbatis nobis missas et per tenorem cuiusdam instrumenti sigillo appendicio eiusdem abbatis munito nobis extitit facta fides. Ideo vobis et cuilibet vestrum dicimus et mandamus, quatenus præfatum fratrem Jacobum Berengarii pro priore dicti Prioratus habeatis et teneatis, eique de universis et singulis juribus prioratus eiusdem faciatis integriter ....

...seu juribus prioratus........................

...aliænationes.... damnum eiusdem prioratus, et nunc ante factus prior velit e apetere et adjus ac propietatem suam prioratus reducere mandamus vobis el vestris cuilibet, ut ad querelam requisitionis suam faciatis fieri super dictis bonis seu juribus celare justitiæ complementum. Datum Valentiæ nonas august. 1308.

Gratiarum 7 Jacobi II fol. 106 núm. 203.

Religioso Ogerio Abbati monasterii Sanctæ Mariæ Grassensis et Conventui ejusdem et cetera. Cum frater A. de Sancto Quintino monachus vester priorque Sancti Martini Aljafariæ nostræ civitatis Cæsaraugustæ ad dictum Monasterium vestrum de licentia et permissu nostro ad præsens accedat: Idcirco ad ejus humilem supplicationem præsentes testimoniales literas vobis duximus porrigendas. Datum in Alagone III.º Kalendas februarii anno M.º CCC.º quinto.==G. de Palacini mandato Regis.

Nota 5.ª
Gratiarum 4 de Jaime II, parte 1.ª núm. moderno 197. fol. 194.
Cum nos Jacobus Dei gratia Rex Aragonum &. Intendentes ordinare, quod ille qui amodo Aljafariam Cæsaraugustæ custodiret, esset presbiter, qui

qualibet die celebraret missam et alia divina officia in capella, quæ est in palatio dictæ Aljafariæ, et reciperet qualibet die illos duodecim denarios, el illos septuaginta solidos jaccenses annuatim pro vestibus, quos recipit Dominicus Johannis qui nunc tenet dictam Aljafariam ex concessione Illustrissimorum Dominorum Jacobi avi nostri et Alfonsi fratris nostri recolendæ memoriæ Regum Aragonum, ad instantiam et supplicationem ipsius Dominici, sic duximus ordinandum; quod ipse Dominicus in vita sua recipiat et habeat dictos duodecim denarios qualibet die, et septuaginta solidos jaccenses annuatim, et post ejus obitum, Dominicus Johannis presbiter et Petrus Johannis filii, dicti Dominici ambo fratres, et alter qui supervixerit post mortem alterius, teneat et percipiat dictos duodecim denarios qualibet die, et septuaginta solidos jaccenses annuatim, prout pater eorum percipit et percipere consuevit, et quod teneantur custodire dictam Aljafariam dum vixerint, et quod incontinenti prænominatus Dominicus presbiter teneatur die qualibet, missam in dicta capella et alia divina officia celebrare; et pater ipsius teneatur dicto prebítero, quamdiu dictos duodecim denarios et septuaginta solidos jaccenses percipiet, providere. Et post obitum dicti Dominici presbiteri, si dictus Petrus frater suus supervixerit ei, teneatur præstare alimenta uni presbítero, qui in vita sua celebret missas qualibet die continue in dicta capella. Mandantes per præsentem cartam nostram Bajulo Cæseraugustœ qui pro tempore fuerit, quod statim post obitum dicti Dominici Johannis, det et solvat præfatis fratibus, quandiu eis fuerit vita comes, et alteri superviventi post mortem alterius, duodecim denarios qualibet die, et annis singulis septuaginta solidos jaccenses super redditibus almutini salis Cæsaraugustæ. Post obitum vero prædictorum Dominici Johannis et filiorum ipsius præsens asignatio et concessio volumus viribus vacuari, et dicti duodecim denarii et septuaginta solidi jaccenses ad nos et nostros libere revertantus. Datum Cæsaraugustæ décimo cuarto Kalendas Octobris, anno Domini millémo trecentésimo.

Nota 6.ª
Gratiarum 14. Petri III, parte 2.ª núm.º mod.º 884, fol. 111 v.º
Nos Petrus &.ª Attendentes, illustrem Mariam bonæ memoriæ Aragonis Reginam, consortem nostram carissimam, in suo último testamento insti-

tuisse seu institui præcepisse sex capellanías aut presbiteratus, in quibus sex presbiteri continue in perpetuum ad laudem Altissimi, pro eius et nostræ animarum salute divina officia celebrarent, quorum presbiteratuum duo in capella palatii Regii Barchinone, et duo in Aljafería civitatis Cæsaraugustæ, et duo in capella Regali Valentiæ deberent institui, et certos redditus emi et assignari ciulibet presbiterorum ipsorum, prout in sua última dispósitione plenius dignoscitur contineri. Attendentes insuper quod jus patronatus seu jus præsentandi presbiterum omnibus et singulis presbiterátibus ipsis, vigore dicti testamenti seu dispositionis et ordinationis Reginæ præfatæ de cetero ad nos spectat: Idcirco cum nos fidelem nostrum Franciscum de Fabrica presbiterum diœcesis Barchinonæ, de quo fidedignorum assertione verídica testimonium laudis accepimus, ad unum ex dictis presbiteratibus sciamus et reputemus sufficientem, idoneum, et capacem, vos ad illum ex dictis presbi-teratibus, quem duxeritis acceptandum, cum hac carta nostra archiepiscopo Cæsaraugustæ, ivel illi ex episcopis in cuius diœcesi presbiteratus quem acceptaveritis fuerit, ex nunc ut ex tunc, et ex tunc ut ex nunc, gratis et ex certa scientia præsentamus, ita quod quandocumque dicti presbiteratus, vel aliquis seu aliqui ex eis dotati fuerint, vos tamquam prius principaliter præsentatus a nobis eligatis et acceptetis illum ex ipsii presbiteratibus quem volueritis, et serviatis eidem ac recipiatis jura eidem presbiteratui competentia quovis modo. Nos enim requirimus et rogamus Cæsaraugustæ archiepiscopum, vel illum eposcopum in cuius diœcesi presbiteratus quem acceptaveritis, fundatus extiterit et dotatus, seu eius vicarios, quod vos tamquam ad eum ex nunc præsentatum a nobis pro capellano atque pres-bitero illius presbiteratus quem aceptaveritis, habeant et teneant, vobisque auctoritatem conferant habendi, tenendi, et possidendi presbiteratum eundem, et vos in eiusdem presbiteratum recipiat et admittat, habendo præsentationem quam de presbiteratu ipso ex nunc pro tunc de persona vestra, ut præmittitur, facimus cartam validam atque firmam. In cuius rei testimonium præsentem cartam nostram fieri jussimus sigillo nostro pendenti munitam. Datum Barchinone tertio nonas julii anno Domini millesimo trecen-tésimo quadragésimo séptimo. Exea Regens. Bns. de Podio-mandato Regis facto per dominum Episcopum Vicensem Cancellarium. Similis fuit facta pro Arnaldo Ferrarii clerico diœcesis Barchinone Datum ut supra. Dominicus de

Biscarra mandato domini Regis facto per Thesaurarium. Similis carta fuit concessa Raymundo Ferrarii presbitero diœcesis Barchinone, quod sit unus ex duobus presbiteris Capellæ Regiæ Barchinone, quæ large registrata est in hoc registro in X. folio post folium præsentes computando. Similis fuit facta pro Bernardo Bainlo presbitero Diœcesis Barchinone quod sit unus ex dictis presbiteris in loco quem magis eligere voluerit. Datum Barchinone X.º Kalendas Augusti anno Domini M.º CCC.º XL.º VIII.

Petrus de Gostems mandato regio facto per dominun episcopum Vincensem.

Nota 7.ª

Gratiarum 17. Petri III, parte 2.ª n.º mod.º 890 fol. 202.

Nos Petrus etc. Attendentes noviter fervida devotione compuncti ad gloriam et laudem Altissimi, et eius Matris virginis gloriosæ, et ob nostrorum remissionem pecaminum et salutem animarum parentum et progenitorum nostrorum, omniumque fidelium defunctorum instituisse perpetuum in capella nostra Aljafariæ Cæsaraugustæ quatuor presbiteratus; attendentes etiam institutionem huiusmodi nobis retinuisse et nostris perpetuo, quod in dictis presbiteratibus et eorum singulis possimus presbiteros asignare, nullum tamen ecclesiasticum beneficium obtinentes, et quod IIII ipsi presbiteri vel sacerdotes continue celebrent missarum solemnia et alia divina officia indicta capella, et intersint horis diuturnis pariter et nocturnis; attendentes insuper prædictis IIII presbiteris seu sacerdotibus certam fecisse donationem et asignationem annuam pro suis vitæ oneribus sustendis, videlicet, qui eorum in loco Rectoris habeatur, quadringentos solidos jaccenses, et cuilibet ceterorum trecentos solidos eiusdem monetæ super certis reddditibus et juribus nostris, sicut designantur in instrumento dictæ institutionis anno quolibet persolvendos, prout hæc omnia in eodem instrumento seriosius enarrantur: igitur volentes dictis presbiteratibus provideri de personis idoneis quarum operationibus ceteros ædificentad salutem, vos Joannem Petri Dosca presbiterum diœcesis Cæsaraugustæ nullum aliud ecclesiasticum beneficium obtinentem, de cuius vitæ, puritate et conversatione honesta laudabile testimonium perhibetur, cum præsenti carta nostra firmiter valitura ad unum dictorum presbiteratuum assignamus, ac etiam præsentamus, ita quod unus sitis de número dictorum IIII presbiterorum, et habeatis pensionem annuatim dictorum trecentorum solidorum jaccensium juxta seriem dicti instrumenti institutionis, toto tempore vitæ vestræ. Vos vero teneamini ex tunc in dicta capella deservire continue, et ibidem pro anima nostra et nostrorum progenitorum ceterorumque fidelium defunctorum missas et alia divina officia celebrare, requierentes et rogantes instantia, qua decet et convenit, venerabilem in Christo patrem archiepiscopum Cæsaraugustæ, ut vos confirmet in beneficio dicti presbiteratus, tamquam ideoneum et capacem, quem eidem presenti ad ipsum presbiteratus et beneficium ducimus præsentandum, mandantes nihilominus merino Cæsaraugustæ, qui nunc est vel qui tempore fuerit, ceterisque officialibus et subditis nostris præsentibus et futuris, quatenus vos dictum Johannem Petri Dosca pro uno dictorum presbiterorum seu sacerdotum teneant, et tractent, vobisque respondeant et responderi faciant de pensione vobis ut præmittitur assignata juxta institutionis de prædictis per nos factam seriém et tenorem. In cujus rei testimonium presentem vobis fieri jussimus nostro pendenti sigillo munitam. Datum Cæsaraugustæ VI nonas Maii anno M. CCC. L. Egea Regens.

Nota 8.ª
Página 227 del libro del padres Rivera.
Nos Joannes Dei gratia &.ª Ut Rectoria ecclesiæ, seu capellæ sub invocatione Sancti Martini de Aljafaría Regia civitalis Cæsaraugustæ fundata, et exiguis dotata redditibus, amplioribus emolumentis de cætero lætetur, et perficiatur insignita, ipsiusque Rector, omnia quæ sibi incumbunt, propterea valeat facilius supportare, et majori gaudeat ubertate, tenore præsentis nunc, et perpetuo valituri iniungimus indissolubiliter, et unimus Rectoriæ prætensæ quamdam capellaniam ecclesiæ Sanctæ Mariæ Maioris civitatis præfatæ, quam hodierna die tenet, et possidet Bartholomæus Oliverii canónicus Barchinonæ, cujus Patronatus, et Collatio sicuti pertinuit nostris prædecessoribus ilustribus bonæ memoriæ regibus Aragonum, novis nunc competit pleno jure. Ita quod quicumque fuerit, nunc, vel amodo in perpetuum Rector dictæ Ecciesiæ seu capellæ post obitum dicti Bartholomæi Oliverii habeat, regat, teneat, et possideat dictam Capellaniam &... (26 octubre 1394.)
    Página 228.

Nos Carolus Dei gratia Rex Castellæ, Aragonum, etc. Cum ad præsens vacet Rectoria instituta et fundata in Ecclesia Sancti Martini domus nostræ Aljafariæ civitatis nostræ Cæsaraugustæ prædicti nostri Aragonum Regni, ob mortem Licentiati Fernandi López, quæ de jure nostro esse dignoscitur, et cujus Collatio, præsentatio, et omnimoda dispositio ad nos tanquam verum patronum pertinet et spectat, ipsam tibi dilecto nostro Licenciato Hyacintho Vielsa presbítero, pro tuis méritis, suffcientia, probitas te, vitæ honestate, aliisque virtutum ornamentis, quibus insignitus existis, mérito duximus confederendum. Thenore igitur præsentis de nostra certa scientia, Regiaque autoritate, deliberate, et consulte, Rectoriam prædictam tamquam benemérito, et condigno, per præsentis nostræ cartæ expeditionem, quam vim investituræ. et Reales traditiones, et possessiones eiusdem Rectoriæ habere volumus, et obtinere concedimus, instituimus, collamus, providemus et asignamus, ac de illa etiam investimus, cum omnibus, et singulis fructibus, etc.

Página 229.

Digo yo el infrascrito don Juan Jacinto Félix Vielsa, Rector y cura propio de la Real Capilla de san Martín de el Real Palacio de la Aljafería de la Ciudad de Zaragoza, en que residen los señores Inquisidores, y hago fe como de tiempo inmemorial hasta hoy, dicha Real Capilla de san Martín ha sido, y es Parroquia, con el derecho de administrar los Sacramentos a todos los habitantes y moradores de dicho Real Palacio de la Aljafería, y que yo siguiendo, y continuando la posesión de mis antecesores, los hé siempre administrado a todos los dichos moradores, como Rector de dicha Real capilla; la cual hace ya once años que administro y gobierno con exclusión, y total independencia de todas las Parroquias de dicha ciudad, y con omnímoda exención del ordinario. En cuya verdad hago este testimonio firmado de propia mano, y sellado con mi sello en Zaragoza a 14 de Setiembre del año 1696. Don Jacinto Félix Vielsa Rector de la Iglesia Parroquial de San Martín de Aljafería.

Locus Sig cruz de Malta illi.

Nota. El objeto del padres Ribera en este pasaje de su obra fue tan solo probar que el Rector de la Real Capilla de la Aljafería de Zaragoza tenía la parroquialidad en el Castillo, así como el de Barcelona la tenía en el antiguo Palacio de sus condes.

Nota 9.ª

Commune 27. Martini num. 2137. fol. 112.

Martinus, Dei gratia, Rex Aragonum, Valentiæ, Majoricarum, Sardiniæ et Corsicæ; Comesque Barchinonæ Rossilionis et Ceritaniæ: Dilecto nostro Merino civitatis Cæesaraugustæ et cœteris officialibus nostris præsentibus et futuris, adquem seu quos præsentes pervenerint, et pertineant infrascripta, salutem et dilectionem. Pro parte fidelis nostri Raymundi de Torrellis jurisperiti civis civitatis Cæsaraugustæ prædictæ percepimus, quod Serenissimus Princeps et dominus Petrus Rex Aragonum, genitor noster, memoriæ recolendæ, cum carta ejus sigillo majestatis impendenti munita, data in Montesono duodecima die Octobris, anno a Nativitate Domini millesimo tercentesimo octogesimo tertio, dedit gratiose in perpetuum fideli nostro Ægidio de Sada tunc Camerario dictæ civitatis et suis omne et quodcumque jus dicto domino Regi competens in aqua, quæ pro rigando hortum Aljafariæ dictæ civitatis recipitur et recipi consuetum est, videlicet in illa, quæ rigato dicto horto superest, prout hæc et alia in dicto privilegio latius continetur. Dictumque jus Ægidius præfatus vendidit Raymundo de Torrellis prædicto. Et aliqui nitantur pro viribus et præter, et contra voluntatem dicti Raymundi hortos et alias possesiones, qui, et quæ extra et subtus dictam Aljafariam existunt rigare in damnum non modicum exponentis memorati, cui titulo oneroso utpote emtionis prædictæ jus aquæ prædictæ competit et spectat. Quocirca volumus, atque vobis et unicuique vestrum dicimus et mandamus, de certa scientia et consulte sub nostræ iræ et indignationis incursu, quatenus rigato dicto horto infra dictam Aljafariam existenti, quotiens necessarium fuerit in et super dicta aqua jure et possesione seu cuasi ipsius, dicto Raymundo et suis nullum impedimentum, obstaculum, contradictionem aut controversiam faciatis, aut fieri permittatis per quempiam, imo eumdum in jure suo virilſter tueamini et defendatis, nec aliquem contravenire sinatis aliqua ratione vel causa, cum nos per justitiam sic providerimus et velimus, abdicantes vobis ad cautelam potestatem omnimodam contrarium faciendi seu attentandi. Datum Valentiæ séptima die Martij anno a nativitate Domini millesimo quadringentesimo tertio. Nicolaus de Canjelles Regens cancellariam.

Registro ídem fol. 179.

Martinus Dei gratia Rex Aragonum etc. Dilecto merino civitatis Cæsaraugustæ cœterisque officialibus nostris præsentibus et futuris. ad quem seu quos præsentes pervenerint, et pertineant infrascripta, salutem et dilectionem. Pridem a nostra curia emanavit litera hujusmodi seriei. Martinus Dei gratia Rex Aragonum etc. dilecto nostro merino civitatis Cæsaraugustæ cœterisque officialibus etc. Jam supra in præsenti registro in folio 112 est totaliter inserta, post cujus Datam et Signum sequitur. Nunc autem ut accepimus, præinserta litera abutendo Raymundus de Torrellis prædictus, nititur aqua prædicta, non irrigato horto majori Aljaferiæ præfatæ, sed tantum horto minori ejusdem, ad usum suum juxta libitum irrigare; ex quo sequitur quod arbores seu, virgulta et sata hortorum Aljafariæ ejusdem, tempore siccitatis, præcipue mensibus Julii, Augusti et Septembris, qui non sunt soliti absque azuditate perlabi, radicitus exiccantur. Quo circa sicut etc. Refiere por estenso lo que con brevedad hemos redactado en el cuerpo de la obra.

Nota 10
Archivo general de la corona de Aragón.
Pergamino n.º 2320 de don Jaime II, núm. ant. 592.
Noverint universi, quod coram venerabili dompno Guillermo de Cabaldos Zalmedina Cæsaraugustæ comparuit Geraldus del Parer, Tutor datus et assignatus Teresiæ, Gratiæ et Peregrino, pupillis filiis Peregrini Baldovini quondam, et dompnæ Gratiæ Martín Tarin ejus uxoris, per dompnum Johannem de Bombei Zalmedinam tunc Cæsaraugustæ cum publico instrumento confecto octava die exeunte Aprili anno præsenti per notarium infrascriptum, asserens, quod dictus Peregrinus pater dictorum pupillorum, in suo ultimo testamento, receperat pro anima sua et injuriis emendandis ac debitis persolvendis, duo millia solidorum jaccensium, pro quibus mandavit vendi de bonis suis specialiter quoddam hæreditamentum situm in termino de Quart, ut patebat per ipsum testamentum, confectum per manum Jacobi Donasari notarii publici Cæsaraugustæ, quod coram dicto Zalmedina exhibuit. Et licet ipsum hæreditamentum fuisset publice venale, expositum et prœconizatum, non tamen fuit inventus aliquis, qui vellet in eo offerre nisi quingentos quinquaginta solidos jaccenses, licet ipsum hæreditamentum

valeret ultra mille et ducentos solidos jaccenses. Quare cum creditores et injuriati conquererentur coram officiali Cæsaraugustæ, de manumissoribus testamenti dicti Peregrini et ipso tutore, ut eis satisfieret de debitis et injuriis, in quibus dictus Peregrinus eisdem tenebatur, et ipsi et manumissores vellent pro executione dicti testamenti ipsa duo millia solidorum habere a tutore prædicto, nomine dictorum pupillorum de bonis patris ipsorum prædicti, nec bona mobilia essent de quibus posset solvi quantitas supradicta, et esset utilius ipsis pupillis, quod venderetur medietas aquæ rivi de la Huerba, quam medietatem dictus pater eorum habebat tempore mortis suæ, quæ aqua communiter dicitur aqua domini Regis, quæ quidem recipitur ab ora vesperarum diei Sabati, usque ad horam vesperarum diei Dominicæ sequentis, qualibet septimana, oum in ea medietate offerrentur mille et quingenti solidi ad opus Domini Regis; petit per Zalmedinam prædictum dari auctoritatem eidem Tutori, quod pro complendis prædictis, posset vendere dictam medietatem aquæ, et eidem venditioni auctoritatem suam impenderet et decretum. Et Zalmedina prædictus viso testamento prædicto, et recepta fide a dicto Tutore, quod non sunt bona mobilia dictorum pupillorum, de quibus dicta quantitas dictorum duorum millium solidorum posset exsolvi; attendentes esse utilius dictis pupillis, quod dicta aqua venderetur, quam dictum hæreditamentum de Quart, de quo consueverunt dari duodecim Kaficia tritici annuatim, sicut eidem facta per fidedignos homines extitit plena fides. Inspecta et pensata utilitate dictorum pupillorum, dedit dicto Tutori licentiam vendendi dictam aquam spectantem ad patrem dictorum pupillorum pro pretio supradicto, et eidem venditioni faciendæ auctoritatem suam præstitit et decretum. Et in continenti ídem Tutor ad venditionem processitut sequitur. Noverint universi, quod ego Geraldus del Parer Tutor Peregrini, Teresiæ, et Gratietæ filiorum pupillorum Peregrini Baldovin quondam, interveniente auctoritatem et decreto venerabilis dompni Guillermi de Cavaldos Zalmedinæ Cæsaraugustæ, ex certa scientia et consulte, et de jure dictorum pupillorum certioratus, non coactus nec in aliquo circumventus, dolo vel errore inductus, sed gratis et spontanea voluntate, pro solvendis et emendandis debitis et injuriis dicti Peregrini quondam; vendo vobis Excellentissimo Principi et domino, domino Jacobo Dei gratia Regi Aragonum, Valentiæ, Sardiniæ, et Corsicæ, ac Comiti Barchinonæ, licet absenti tanquam præsenti et vestris, in perpetuum medietatem aquæ Rivi de la Huerva spectantem ad dictos pupillos, ratione prædicti patris ipsorum, quæ aqua vulgariter dicitur aqua domini Regis, et recipitur continue in azuto cequiæ de la Romadera, termini Cæsaraugustæ ab hora vesperorum diei Sabbati usque ad horam vesperorum diei Dominicæ proxime sequentis qualibet septimana; pro pretio mille et quingentorum solidarum jaccensium, quos quidem Stephanus de Roda de Domo vestra, nomine et vice vestra mihi solvit, et ipsos ab eo habui et recepi. Renuncians exceptioni non numeratæ pecuniæ, fraudis et doli. Prædictam siquidem medietatem aquæ prædictæ ad dictos pupillos spectantem, et spectare debentem; vobis domino Regiet vestris vendo cum omni jure et dominio, quod dicti pupilli habebat et habere debebat tempore mortis suæ, francham, liberam, salvam, securam et quietam ab omni tributo censu, obligatione, et alienatione, sive mala voce et contradictione cujusque, cum omnibus juribus et pertinentiis ad medietatem prædictam aquæ prædictæ spectantibus et spectare debentibus quoquomodo. Et de posse, jure, ac dominio dictorum pupillorum ipsam medietatem aquæ cum omnibus et singulis supradictis eicio, et in posse, jus, et dominicum vestri et vestrorum ipsam transfero, et in corporalem possessionem, vel quasi ejusdem, vos induco cum hoc instrumento perpetuo valituro: Volens ut ipsam possessionem vel quasi omnium prædictorum, possitis cum volueritis vestra propria auctoritate apprehendere; et ego confiteor ipsam possessionem vel quasi omnium prædictorum pro vobis et vestris tenere, quousque vos vel vestri ipsam duxeritis apprehendendam. Volens quod vos et vestri, et quos volueritis, dictam medietatem aquæ prædictæ cum omnibus et singulis supradictis habeatis, teneatis, et possideatis, ac explectetis perpetuo pacifice vos et vestri, ad dandum, vendendum, commutandum, alienandum et ad faciendum inde vestras et vestrorum proprias voluntates, sicut melius et utilius potest dici et intelligi ad vestrum et vestrorum commodum et perfectum. Quod si forsan in dicta medietate aquæ, vel parte ipsius, quæstio sive mala vox imponeretur per quamcumque personam vel personas cujuscumque gradus, status, vel conditionis existat, promitto nomine tutorio quo supra, ipsam causam et litem in me suscipere et ducere propiis sumptibus dictorum pupillorum: et volo et consentio quod dicti pupilli ad hæc specialiter teneantur, quousque ipsa causa fuerit fine debito terminata. Et si vos aut vestros ratione quæstionis, causæ, vel malæ vocis impositæ in dicta aqua seu parte ipsius, expensas aliquas contingeret facere seu etiam sustinere, ipsas promitto nomine quo supra vobis e vestris integre reficere ac etiam emmendare. Et quod dicti pupilli ad hæc etiam teneantur. De quibus expensis credatur vobis et vestris vestro simplici verbo tantum, nullo alio genere probationis exacto. Pro quibus omnibus et singulis attendendis penitus et complendis, et pro evictione dictæ aquæ, et pro faciendo vobis ipsam habere et possidere perpetuo pacifice, obligo vobis et vestris omnia bona mobilia et inmobilia dictorum pupillorum ubique habita et habenda. Et ad majorem securitatem vestram et vestrorum, nomine tutorio quo supra, dono vobis et vestris fidantiam salvitatis de medietate aquæ prædicta quæ mecum et sine me cum dictis pupillis et sine ipsis, ipsam vobis et vestris salvet et salvam ac securam faciat habere, tenere, et possidere perpetuo pacifice ac secure, et quæ compleat et compeleri faciat omnia et singula supradicta, Dompna Gratia Martín Tarin uxor dicti Peregrini quondam, materque pupiuorum prædictorum. Et ego dicta Gratia Martín laudans et approbans venditionem aquæ prædictæ, ut superius est scriptum, sic concedo et constituo fidantiam ut est dictum. Obligans, pro prædictis omnibus et singulis attendendis et complendis, vobis et vestris, omnia bona mea ubique habita et habenda. Ego autem Guillermus de Cavaldos Zalmedina prædictus venditioni prædictæ ex causis prædictis, attendens utilitatem ipsorum pupillorum, auctoritatem meam impertior et decretum. In quorum testimonium præsens instrumentum mandavi sigilli curiæ Zalmedinatus appensione muniri. Quod est actum Cæsaraugustæ die Sabbati, scilicet quinta die exeunte Augusto. Era millesima trecentesima quadragesima quarta. Testibus ad prædicta adhibitis et rogatis dompnis Garsia de Casois, Ægidio Martín de Camacurta vicinis Cæsaraugustæ-Sig cruz de Malta num mei Guillelmi de Porta notarii publici Cæsaraugustæ, et autoritate illustrissimi principis domini Regis Aragonum per totam terram et dominationem suam, regentis scribaniam curiæ Zalmedinatus Cæsaraugustæ pro Dominico Johannis de Ayerbe scriptore ejusdem, qui prædictis interfui et hœc scribi feci et clausi, et sigillo ipsius sigillavi cum suprascripto in sexta linea, ubi dicitur solvi quantitas et cum raso et emendato in nona linea, ubi dicitur dictorum et cum suprascripto in XXvj linea ubi dicitur vobis.

Nota. En la parte exterior de dicho pergamino se halla continuada la indicación siguiente. Carta emptionis aquæ de la Huerba ad opus Aljafariæ.

Concuerda fielmente con el pergamino arriba citado.

Nota 11

Grat 10 de don Jaime II, parte 1.ª fol. 116 n.º moderno 208.

Fideli scriptori suo Guillermo Palacini, Merino Cæsaraugustæ etc. ad instantiam et supplicationnem nobis factam pro parte religiosarum Priorissæ et conventus Monasterii prædicatorum Cæsaraugustæ asserentium, se aqua ad rigandum hortum dicti Monasterii plurimum indigere; volumus, et vobis mandamus, quatenus de aqua quæ certis horis sumitur et habetur ad opus Aljafariæ nostræ Civitatis Cæsaraugustæ, subveniatis et complaceatis priorisæ et conventui supradictis, dum ad opus Aljafariæ necessaria non fuerit aqua. Datum Valentiæ 4 nonas martii anno 1311.

Gratiarum 10 de Jaime II, Parte 2.ª n. moderno. 209, fol. 120.

Fideli scriptori suo Guillermo Palazini Merino Cæsaraugustæ salutem etc. Cum nos per aliam literam nostram vobis mandaverimus, quod de aqua quæ certis horis sumitur et habetur ad opus Aljafariæ nostræ civitatis Cæsaraugustæ subveniatiset complaceatis priorissæ et conventui Monasterii prædicatorum Cæsaraugustæ, ad ringandum hortum dicti Monasterii, dum ad opus dictæ Aljafariæ necessaria non fuerit dicta aqua, et ipsa aqua non possit transire ad monasterium earum, nisi fiant arcus vel aliquod opus in fossatu, qui est inter montem Aljafariæ et murum terreum civitatis, per quos aqua, ipsa, possit transire ad monasterium ante dictum. Ideo dicimus et mandamus vobis, quatenus cum prior vel procurator earum voluerint facere dictum opus in illo fossatu, per quod prædicta aqua possit transire ad prædictum monasterium, illud permittatis fieri per eosdem sine juris prædictum monasterium, illud perlentiæ séptimo Idus Martii anno Domini millesimo CCCXI.

Nota 12

Archivo general de la Corona de Aragón.

Registro n.º 198 fol. 376 vuelto.

Nos Jacabus Rex Aragonum etc. Attendentes quod Jucefus Bellito Sarracenus Cæsaraugustæ quondam fuit tempore vitæ suæ magister et ductor operum quæ fiebant in Aljafería nostra Cæsaraugustæ; id circo concedimus tibi Mahomat Bellito filio dicti Jucefi Bellito, quod quandocumque contingerit fieri operas necessarias in Aljafería nostra prædicta, quod tu sis magister et ductor operum ipsorum toto tempore vitæ tuæ, et habeas et perecipias de ipsis operibus salarium competens pro tuo labore. Nos enim per præsentes mandamus Merino nostro Cæsaraugustæ et aliis officialibus nostris, quod prædictam concessionem nostram firmam habeant et observent, ut superius continetur. Datum Cæsaraugustæ secundo Kalendas novembris anno prædicto (1301)—Ægidius ex petitione provissa in consilio.

Pecunias de Jaime II fol. 41 núm. nuevo 255.

Nos Jacobus Dei gratia Rex Aragonum, Sardiniæ, Corsicæ etc. Fideli Ægidio Terini Merino Cæsaraugustæ: Cum Aljafería nostra Civitatis Cæsaraugustæ indigeat reparatione et obratione, et nos velimus eandem, opere quo indiget reffici ac etiam reparari. Idcirco dicimus et mandamus vobis, quatenus faciatis dictam Aljafariam reparai, et apta illi operiet aptacioni qua fuerit reparanda solvendo; et impendendo denarios et alia quæ ad ipsam reparationem fuerint opportuna, prout nobilis domna María Ferdinandi vobis duxerit injungendum. Datum Barchinone XII Calendas aprilis 1292.

Nota 13
Curiæ sigilli secreti 14, Martini núm. 2251. fol. 123.
Martinus Dei gratia Rex Aragonum etc. Dilecto Consiliario nostro Pardo la Casta Merino Civitatis Cæsaraugustæ salutem et dilectionem. Ecce quod Nos circa reparationem castri nostri de la Aljafería civitatis Cæsaraugustæ, quod et sui constructione notabili, et antiqua inter cœteras domos sive palacia nostri dominii insignius imminet amœnitate decorum, volentes, ut convenit suffragium debitum cum promptitudine elargiri; tenore præsentis universas et singulas pecuniæ quantitates prætextu morabatini nobis in et super locis, universitatibus, et aljamis inferius designatis, videlicet in et super universitate villæ de Fraga, aljamisque judæorum et Sarracenorum villæ ejusdem universitate villæ de Pertusa et aldearum ejusdem, ac universitatibus locorum de Berbegal et de Biel, aljamaque judæorum civitatis Oscæ, ac personis et bonis eorum et cujuslibet earundem, reparationi, operi, et constructioni Aljaferiæ prædictæ ducimus assignandas, et etiam conce-

dendas; mandantes et comittentes vobis de certa scientia et exprese, quatenus pecunias morabatini villarum, locorum et aljamarum superius expres-
sarum, et cujuslibet earundem, de quibus quidem pecuniis, vos, et neminem
alium, esse volumus receptorem; colligatis et recipiatis integre et complete,
ac colligi et levari faciatis fideliter, legaliter atque bene, et pecunias ipsas in
reparationem Aljafariæ prædictæ convertatis integre et complete; jubentes
nihilominus expresse et de certa scientia universis et singulis officialibus
et submissis nostris, sub obtentu nostræ gratiæ et mercedis quatenus et
comissionem nostram hujus modi teneant firmiter et observent, tenerique
et observari inviolabiliter faciant per quoscumque; et non contraveniant,
seu aliquem contravenire permittant aliqua ratione, si iram et indignationem
nostras prædictas, ac penam quingentorum florenorum auri de Aragonia
cupiunt evitare. Datum Barchinone sub nostro sigillo secreto decima octava
die Augusti anno a Nativitate Domini millesimo quadringentesimo octavo —
Rex Martinus— Dominus Rex mandavit mihi Johanni de Tudela.

Nota 14
Archivo general de la Corona de Aragón.
Sigilli Secretis, Petri III. Pars 1.ª n. 1112 fol. 26.
Petrus etc. Dilecto consiliario nostro Michaëli Palacin merino Cæsaraugustæ
Salutem etc. Licet plures assignationes fuerint factæ super redditibus meri-
natus, volumus tamen ac vobis mandamus, quatenus eis non obstantibus
opus de la Ajafaria continuetis, et fieri faciatis, cum nostræ intentionis fuerit,
quod dictum opus prætextu dictarum assignationum vel alias in aliquo
non impediatur; volumus tamen quod provisionem mandetis dari Ateoni
urso, et aliis pecudibus quæ in Aljafería custodiuntur, ut vobus mandatum
existit, exolvatis. Cæterum si Judaeus custos leonum viderit, quod leones
noviter adulti sien periculo a suis genitoribus poterunt separari, eos cum
dicto judæo apud Valentiam nobis protinus transmittatis, et eidem judæo
expensas sibi et dictis leonibus necessarias ministretis, quoniam nos eas in
vestro computo mandamus per præsentem recipi et admitti. Datum Morellæ
sub nostro sigillo secreto XV.a Kalendis Octobris anno Domini M. CCC.
XXX. VIII. Franciscus de Prohomme mandato domini Regis.

Nota 15

Primera carta de la gloriosa Santa Isabel, Infanta de Aragón y reina de Portugal, al rey don Jaime el Segundo de Aragón su hermano.

Sobrescrito.

Al rey daragon etc.

por

a Reynha do Portugal.

A O muyt alto, e muy nobre dom Iame, pe la graza de Deus, rey Daragon, de Valenza, de Murza, de Cerdenha, de Corcega, conde de Barcelona, e de Santa Egresia de Roma Sinaleyro, almirante, e capitán general. Doña Isabel por esa meesma graza Reynha de Portugual, e do Algarve, saude come a jrmaao que amamos muy de corazón, e de quien muyto fiamos, e para quien querriamos que Deus desse tanta vida, e tanta saude com onrra té, por muytos anos, e boos, como para nos meesma. rey jrmaao, facemos vos saber, que vimos vossa carta de creenza que nos envyastes por Remón de Montrros, Acerdiagoo da Guardia, vosso clérigo, e el falou con nosco da vossa prol ben, e muy conpridamente; e gradescemos vos muyto cuanto nos por el envyastes dizir; e detevemoslo con nosco ata agora por razón que el rey don Fernando envyara dicir al rey de Portugal por muytas veces, que se veeria con él; e quiséramos y falar sobre vista de el rey don Fernando, e vossa, e de el rey de Portugal; que vos vissedes todos tres dissiamos; e que veessen vosso feyto, e o del rey don Fernando a bona avininza. E esto tenho en que seria gran servizo de Deus, e grande prol vossa, e da vossa onrra, e da sua del rey don Fernando; de si et entendo, que seeria agrande prazer del rey de Portugal. E hu se todo esto fezese, querendo Deus, tenho que non caya tanto anchuun homen, nen anchuna molher no Mundo, como a mi non tomaria y tan gran prazer, se voontade fosse de Deus desse facer. E agora as vistas del rey don Fernando, e del rey de Portugal delongaronse mays; e dizennos, que el rey don Fernando que se va y alochegando contra essa vossa fronteyra. E ora Remón de Montrros vayse a vos, e sobre esto nos avemos con el falado cousas que vos dissesse: porque vos rogamos jrmao, que o creades do que vos el de nossa parte disser e gradescervolo emos muyto. Outrosi, jrmao, vos gradescemos muyto porque nos fezestes saber de vos, e da Reynha Daragon vossa molher, e dos jffantes vossos filhos que erades con saude. E rogovos, jrmao, que assi o fazades sempre, cada que o vos poderdes facer, e fazernosedes y muy gran prazer. Outrosi vos facemos saber del rey de Portugal, e de nos, e de nossos Filhos, que avemos saude, loado a Deus, e envyamosvolo dizir, por que somos cierta que vos prazera. Dat en Sanctaren quatuerze días de Decembre. A Reynha o mandou. Ioan Lompreto a fez.

Segunda carta de la gloriosa Santa Isabel, Infanta de Aragón y reina de Portugal, al rey don Jaime el segundo de Aragón su hermano.

El sobrescrito es como el de la carta antecedente.

A O muyt alto, e muy nobre Dom Yame, pe la graza de Deus rey Daragon, de Valanza de Corcega, e de Cerdenha, e conde de Barcelona, e da Santa Egresia de Roma Álmirante, e Sínaleyro, capitán general. Doña Isabel, por esa meesma graza Reynha de Portugal, e do Algarve, saude come a jrmao de quien muyto fio, e para quien tanta vida, e saude, com onrra querria por muytos annos, e boos come para mi meesma. Rey jrmao, vy vossa carta que me invastes por Dom fray Sancho vosso jrmao, e meu, e el disse a el rey o que lhi vos mandastes ben, e conpridamente, e a mi outrosi. E gradescavos Deus o boon talan que vos mostrades contra el rey, e contra mi, e contra o jffante Dom Affonso nosso filho, en quererdes saber parte de nossa fazenda, e de vos sentirdes de la e fazedes gran dreito, e gran razón. E jrmaao saber-de, que veendo eu as cousas en como passaban, e reccando de vinire a o estado en que están, pedi por muytas veces a el rey, e roguey alguns de seu Conselho, que tevesen por ben, que estes feitos non fossen cada día para peyor como foron, e que me desen logar e que eu que trabalharia hy cuanto podesse, de guisa que o Iffante, e os outros ouvessen ben e mercee del rey, e que todos vivessent como devian, e a servizo del rey, e que a todos fecesse mercee. E sabe Deus, que esta foy senpre a minha voontade, e seria cada que podesse, e Deus per ben tevesse: mais tantos foron senpre os estorva-dores da parte do ben, que non pudieu hirem facer. E sabe Deus, que ey en ende gran pesar no corazón, po lo del rey primeiramente, a quien eu deseio vida, e saude, e onrra, como, a minha meesma; e po lo do Iffante; e po lo meu. Que vivo vida muyto amargosa. E seper Deus non ven hi alguna avinin-za, ou ben antreles, non creo que por obra Domens se possa hi facer rem:

moormente hu, nen huunos trabalhan salvando en meter discordia. Dom fray Sancho vos dirá ojrecado que achon en el rey, e no jffante outrosi, do estado da terra en que estado está. E rogo vos jrmaao, que senpre vos membredes de mi, e me fazades saber da vossa saude, e do vosso boon estado, e dos jffantes vossos filhos, cao non podedes enviar dizir a cousa do Mundo a que mais praza ende, nen que mais conpra a vossa vida que a mi. Dat. en Alanquer xxiij. Días de Decembre. A Reinha o mandou. Iohan Saus a fez.

Libros a la carta

A la carta es un servicio especializado para

empresas,

librerías,

bibliotecas,

editoriales

y centros de enseñanza;

y permite confeccionar libros que, por su formato y concepción, sirven a los propósitos más específicos de estas instituciones.

Las empresas nos encargan ediciones personalizadas para marketing editorial o para regalos institucionales. Y los interesados solicitan, a título personal, ediciones antiguas, o no disponibles en el mercado; y las acompañan con notas y comentarios críticos.

Las ediciones tienen como apoyo un libro de estilo con todo tipo de referencias sobre los criterios de tratamiento tipográfico aplicados a nuestros libros que puede ser consultado en Linkgua-ediciones.com .

Linkgua edita por encargo diferentes versiones de una misma obra con distintos tratamientos ortotipográficos (actualizaciones de carácter divulgativo de un clásico, o versiones estrictamente fieles a la edición original de referencia).

Este servicio de ediciones a la carta le permitirá, si usted se dedica a la enseñanza, tener una forma de hacer pública su interpretación de un texto y, sobre una versión digitalizada «base», usted podrá introducir interpretaciones del texto fuente. Es un tópico que los profesores denuncien en clase los desmanes de una edición, o vayan comentando errores de interpretación de un texto y esta es una solución útil a esa necesidad del mundo académico.

Asimismo publicamos de manera sistemática, en un mismo catálogo, tesis doctorales y actas de congresos académicos, que son distribuidas a través de nuestra Web.

El servicio de «libros a la carta» funciona de dos formas.

1. Tenemos un fondo de libros digitalizados que usted puede personalizar en tiradas de al menos cinco ejemplares. Estas personalizaciones pueden ser de todo tipo: añadir notas de clase para uso de un grupo de estudiantes,

introducir logos corporativos para uso con fines de marketing empresarial, etc. etc.

2. Buscamos libros descatalogados de otras editoriales y los reeditamos en tiradas cortas a petición de un cliente.